स्वदेश-परिचय : 8

भारत के साहित्यों की कहानी

डॉ. भगवतशरण उपाध्याय

राजपाल

स्थापित 1912
100 वर्षों की श्रेष्ठ प्रकाशन परम्परा
राजपाल

₹ 90

ISBN : 9788170284987

BHARAT KE SAHITYON KI KAHANI (Stories)
by Dr. Bhagwatsharan Upadhyaya
मुद्रक : के.एच.बी. ऑफसेट प्रोसेस, दिल्ली

राजपाल एण्ड सन्ज़
1590, मदरसा रोड, कश्मीरी गेट-दिल्ली-110006
फोन: 011-23869812, 23865483, फैक्स: 011-23867791
website : www.rajpalpublishing.com
e-mail : sales@rajpalpublishing.com
www.facebook.com/rajpalandsons

भारतीय साहित्य

भारत में अनेक लोग हैं जो अनेक भाषाएँ बोलते हैं। प्रधान भाषाएँ तो दस-बारह ही हैं, पर बोलियाँ सैकड़ों हैं। यहाँ हम केवल तेरह भाषाओं के साहित्य की कहानी कहेंगे। इनमें से नौ उत्तर-पूर्व की भाषाएँ हिन्दी, बंगाली, गुजराती, मराठी, कश्मीरी, पंजाबी, उड़िया, असमी और उर्दू हैं और दक्षिण की चार तमिल, तेलुगू, कन्नड़ और मलयालम हैं। दक्षिण की भाषाएँ मूल रूप में द्राविड़ से निकली हैं पर उनमें संस्कृत के शब्द बहुत मिले हुए हैं। उत्तर की भाषाएँ संस्कृत और पुरानी जन बोलियों यानी प्राकृतों से निकली हैं और एक-दूसरे के बहुत समीप हैं। इन तेरहों भाषाओं में सैकड़ों वर्षों से साहित्य लिखा जाता रहा है। एक से एक विद्वान, एक से एक गायक उनमें पैदा हुए और उन्होंने बोली को साहित्य के योग्य बनाया। आज हम उनके साहित्य को बार-बार मथकर सुख और आनन्द का लाभ करते हैं; आज सैकड़ों साल बाद भी उनके साथ अपना सम्बन्ध जोड़ते हैं।

1. हिन्दी

हिन्दी भारत की राष्ट्रभाषा और राजभाषा है। उसका विस्तार बड़ा है। करीब चालीस करोड़ आदमी उसे इस देश में बोलते हैं। पंजाब, दिल्ली, राजस्थान, उत्तर प्रदेश, उत्तरांचल, हिमाचल प्रदेश, छत्तीसगढ़, मध्य प्रदेश तथा बुंदेलखंड का एक बड़ा भाग और बिहार के रहने वाले हिन्दी या उससे मिलती जन-बोलियाँ बोलते हैं।

यह भूखण्ड इतना बड़ा है कि इसमें एक भाषा का निभ सकना कठिन था, इसलिए थोड़ी-थोड़ी दूरी पर बोली बदलती गई और इस प्रकार अनेक बोलियाँ बोली जाने लगीं। इनमें से प्रधान बोलियों में साहित्य भी काफी तैयार हुए जिनको हिन्दी ने अपनी छत्रछाया में लिया और जो हिन्दी के ही अंग-प्रत्यंग बन गए।

इस प्रकार जिन बोलियों में अच्छा साहित्य प्रस्तुत हुआ, उनमें प्रधान हैं–राजस्थानी, ब्रजभाषा, अवधी, भोजपुरी और मैथिली। जिसे आज हम खड़ी बोली कहते हैं, वह भी पहले की दिल्ली के आसपास की जन-बोली ही है। पर जैसे किसी ज़माने में ब्रजभाषा का बंगाल तक इतना बोलबाला था कि रवि बाबू सहित अनेक बंगाली कवियों ने उसमें कविता की, उसी प्रकार आज दिल्लीवर्ती उस खड़ी बोली का भी बोलबाला है और उसी की सभी हिन्दी-बोलियाँ और उनके साहित्य उसी के अन्तर्गत माने जाते हैं।

इन बोलियों का आरम्भ प्राचीन जन-बोलियों या प्राकृतों से हुआ। प्राकृत का मतलब है वह बोली, जो सहज रूप से अनायास बोली जाती हो। उन्हीं प्राकृतों ने समय आने पर साहित्यिक रूप धारण किया। उन्हीं का एक रूप अपभ्रंश कहलाया। जब साहित्य का रूप धारण की हुई

प्राकृतों में जन-बोली के शब्द मिलाकर लिखते थे, तब उसे अपभ्रंश कहते थे। यही अपभ्रंश कालक्रम से प्राकृतों की ही भाँति साहित्य की भाषा बन गई। हिन्दी का उदय बस वहीं से हुआ।

अपभ्रंश में लिखी अनेक कवियों की रचनाओं में ऐसी पंक्तियाँ हैं जो हिन्दी में दोहे कहलाईं। इस रूप में हिन्दी का आरम्भ शायद दसवीं सदी से पर्याप्त पहले हो गया था। हिन्दी के इतिहास को हम साधारण तौर पर तीन भागों में बाँट सकते हैं–प्राचीन काल, मध्य काल और वर्तमान काल। प्राचीन काल आठवीं सदी से तेरहवीं सदी तक है, मध्य काल उसके बाद उन्नीसवीं सदी तक, वर्तमान काल उसके बाद से आज तक।

1. प्राचीन काल

प्राचीन काल प्रायः ईसा की आठवीं सदी से भी पहले से आरम्भ होता है, जब वज्रयानी सिद्धों ने अपना ज्ञान पदों और दोहों में लिखना शुरू किया। कन्हपा, सरहपा आदि उसी परम्परा के सिद्ध हैं। दसवीं-ग्यारहवीं सदी में नाथों का सम्प्रदाय खड़ा हुआ, जिसमें सर्वाधिक प्रसिद्ध हुए गुरु गोरखनाथ। सिद्धों की भाषा अधिकतर जटिल है और हास्य-प्रधान है।

प्राचीन काल का एक युग 'वीर-गाथा' काल भी कहलाता है। यह युग ग्यारहवीं-बारहवीं सदी का है। इसी काल में प्रसिद्ध 'पृथ्वीराज रासो' लिखा गया। उससे भी पहले पृथ्वीराज के दादा बीसलदेव का चरित्र उसी वीर-गाथा-शैली में नरपति नाल्ह ने गाया था। बीसलदेव अजमेर का चौहान राजा था। पृथ्वीराज दिल्ली और अजमेर का राजा था और उसके दरबारी कवि चन्दवरदायी और उसके बेटे जल्हण ने 'पृथ्वीराज रासो' लिखा। परन्तु जो रासो आज हमें मिलता है, वह उतना पुराना नहीं है और आज से केवल चार सौ वर्ष प्राचीन जान पड़ता है। उस काल का सबसे प्रबल राज दरबार कन्नौज के गहड़वाल राजा जयचंद का था। उसके दरबार में मधुहर और भट्ट केदार भाषा के कवि

थे परन्तु उनका लिखा आज कुछ भी प्राप्त नहीं है। चन्देल राजाओं के महोबा के दरबार में जगनिक नाम के कवि के होने की बात कही जाती है। उसने भी शायद 'आल्हाखण्ड' के नाम से जन-बोली में उस काल की वीर गाथा गाई। पर आज जो 'आल्हाखण्ड' मिलता है वह तब का नहीं माना जा सकता। इस वीरगाथा साहित्य को, जो अधिकतर वीरों के यश को अमर करने के लिए लिखा गया था, 'चारण काव्य' भी कहते हैं क्योंकि उसको दरबारों में या लड़ाई के मैदान में या लोगों की बैठक में चारण या भाँड लोग ही गाया करते थे।

2. मध्य काल

मध्य काल का आरम्भ भक्ति-सम्प्रदाय के प्रचार के साथ हुआ। दक्षिण में रामानुज, निम्बार्क आदि ने जिस भक्ति-परम्परा को साधा, वह उत्तर में भी रामानन्द और चैतन्य महाप्रभु के प्रचार से फैली। बंगाल में जयदेव ने राधाकृष्ण का रास संस्कृत काव्य 'गीत-गोविन्द' में गाया। मैथिल-कोकिल विद्यापति ने अपनी बोली में उन्हीं का रास मुखरित किया।

मध्य काल की खड़ी बोली का आरम्भ मलिक खुसरो ने किया। उसकी पहेलियाँ बड़ी साफ-सुथरी हैं और उनमें उसने फारसी और हिन्दी-मिश्रित भाषा का सुन्दर प्रयोग किया है। उसने भारतीय संगीत का भी बड़ा विकास किया। कहते हैं कि सितार और तबला उसी के बनाए हुए हैं।

मीरा ने भी अपने पदों में भक्ति की अद्‌भुत धारा बहाई। राजा की लड़की थी मीरा, पर कुल की मर्यादा से अधिक उसने श्रीकृष्ण-प्रेम को महत्व दिया। उसके पद ब्रजभाषा, राजस्थानी और गुजराती तीनों भाषाओं में अपनाए गए। सूरदास भी उसी की भक्त-परम्परा में हुए। उनके पद मिठास और कविता की सुगढ़ता में अपना सानी नहीं रखते। ब्रजभाषा में उनके पदों से बढ़कर दूसरा कुछ नहीं। कृष्ण के बालपन का जो रूप सूर ने खींचा है वह अन्यत्र नहीं मिलता। सूरदास के निर्माण

में उनके गुरु बल्लभ का बहुत योगदान है। रामानन्दी परम्परा के सबसे महान कवि गोस्वामी तुलसीदास हुए। समाज को शास्त्र की मर्यादा से गिराने वाले औघड़ों और कापालिकों के जवाब में उन्होंने अपना महाकाव्य 'रामचरितमानस' लिखा, जिसकी गिनती संसार के सर्वोत्तम काव्यों में की जाती है। समाज में एक-दूसरे के प्रति कर्त्तव्य, पारिवारिक सम्बन्ध आदि उसमें सभी कुछ उतर आया; और जन-जन की बोली में जन-जन को छूकर उस काव्य ने सुरसरि की धारा की भाँति सबको पवित्र कर दिया।

भक्तों की एक सन्त-परम्परा भी थी जो पहले से चली आती प्राचीन सिद्ध गुरुओं से भी कुछ अंश में जुड़ी थी। उस पर सूफी धर्म का प्रभाव पड़ा, जिसने प्रेम और एकता का उपदेश किया। कबीर उसी परम्परा के सन्त कवि थे, जिन्होंने हिन्दू-मुसलमान, मन्दिर-मस्जिद आदि की बुराइयों को बड़े साहस के साथ ललकारा। जायसी ने भी 'पद्मावत' उसी परम्परा में लिखा, जिसमें सूफी और उपनिषद् के विचारों को पद्मिनी के रूपक में रखा गया। दादू, मलूकदास आदि भी सन्त-कवि ही थे। इनके प्रचार से समाज के भेद-भाव में कमी आई।

मध्य काल का पिछला युग रीति-काल या श्रृंगार-काल कहलाता है। अब अधिकतर कवि जयपुर, ओड़छा आदि के दरबारों में रहने लगे थे। इस काल नायिकाओं के नखशिख-सौन्दर्य का वर्णन, नायिका-भेद और अलंकार कवियों के आकर्षण बने और उन्होंने कहीं व्याख्या के रूप में, कहीं दृष्टान्त के रूप में और कहीं मूल रूप में उस सम्बन्ध में कविता रची। ओड़छा के कवि केशवदास ने इसी रीति-परम्परा में अपनी 'कविप्रिया' लिखी। जयपुर के कवि बिहारी ने तभी कुछ ही काल बाद अपनी 'सतसई' लिखी। देव, सेनापति, घनानन्द और पद्माकर भी इसी परम्परा के कवि थे और इसी परम्परा के मतिराम और भूषण भी थे। पर भूषण ने वीर-रस में हिन्दू राष्ट्रीयता का स्वर भरा।

3. वर्तमान काल

हिन्दी साहित्य का वर्तमान काल उन्नीसवीं सदी में भारतेन्दु हरिश्चन्द्र से शुरू होता है। अब तक का साहित्य अधिकतर पद्य-साहित्य था, पर अब से गद्य-साहित्य भी शुरू हुआ। इस तरह भारतेन्दु वर्तमान हिन्दी या खड़ी बोली के जनक माने जाते हैं। भारतेन्दु स्वयं कवि और नाटककार थे। 'भारत-दुर्दशा' आदि अनेक नाटक लिखकर बड़े साहस के साथ उन्होंने साहित्य में भारतीय राष्ट्रीयता को प्रवेश दिलाया। उनके साथ अनेक दूसरे साहित्यकार भी थे, जिन्होंने गद्य-पद्य दोनों में लिखा।

बीसवीं सदी के आरम्भ से ही राष्ट्रीयता का नारा बुलन्द हो चला था और राष्ट्रीय कांग्रेस के आन्दोलन ने उसमें अपना योगदान किया। 'हरिऔध' ने संस्कृत छन्दों का अपने महाकाव्य 'प्रिय-प्रवास' में प्रयोग किया। मैथिलीशरण गुप्त ने राष्ट्रीयता की आवाज़ अपनी 'भारत-भारती' में ऊँची की और श्रीधर पाठक ने कविता को एक नई दिशा दी। वह युग 'द्विवेदी-युग' कहलाया क्योंकि महावीरप्रसाद द्विवेदी ने 'सरस्वती' पत्रिका के सम्पादन द्वारा अनेक नए कवियों को खोज निकाला और आलोचना और निबन्ध के मानदंड निर्धारित किये। परन्तु सुन्दर पुष्ट गद्य का रूप रामचन्द्र शुक्ल ने निखारकर रखा। निबन्ध और आलोचना शिखर स्पर्श करने लगे।

अगला कदम साहित्य में छायावादी कवियों ने उठाया, जिसके चार प्रबल स्तम्भ–जयशंकर प्रसाद, सुमित्रानन्दन पन्त, सूर्यकान्त त्रिपाठी 'निराला' और महादेवी वर्मा हुए। इस शैली में कवि की अनुभूति अधिक बोलती थी और उस पर बंगला और अंग्रेज़ी के रोमाण्टिक कवियों का भी प्रभाव था। प्रकृति का वर्णन, नए छन्दों का प्रयोग, मधुर सुन्दर परन्तु रहस्यमयी वाणी का भी उपयोग उसमें खूब हुआ। हिन्दी काव्य का वह शान्त पर सुमधुर युग था।

प्रबल वेग से प्रगतिशीलता की धारा नरेन्द्र शर्मा और शिवमंगल सिंह 'सुमन' ने बहाई। इसी बीच हरिवंशराय 'बच्चन' की रूमानी कविता भी परवान चढ़ी, और रामधारीसिंह 'दिनकर' की ओजस्वी पद्य-रचना

भी। इस बीच नाटक और निबन्ध, कहानी और उपन्यास भी खूब लिखे गये। कहानी और उपन्यास का सेहरा प्रेमचन्द के सिर बँधा, जिन्होंने देश की चिन्ता और गाँव के जीवन को एक साथ साहित्य में रखा। आलोचना-साहित्य भी बड़ी मात्रा में सामने आया।

सच्चिदानन्द वात्स्यायन 'अज्ञेय' के साथ हिन्दी का एक बिलकुल नवीन युग आरंभ हुआ जिसमें कविता, कहानी, उपन्यास, नाटक सभी की दिशा बिलकुल बदल गई। इस परंपरा में जैनेन्द्र कुमार, मोहन राकेश, राजेन्द्र यादव, कृष्णा सोबती इत्यादि अनेक रचनाकार हुए जिन्होंने अपनी रचनाओं से साहित्य को खूब समृद्ध किया।

इस युग में और भी कई आलेखनीय साहित्यकार हुए जिनमें कई दिवंगत भी हो गए और कई जीवित हैं। यहाँ कुछ ऐसे ही रचनाकारों का उल्लेख किया जा रहा है।

वृन्दावनलाल वर्मा–ऐतिहासिक उपन्यासों का स्वर्णयुग यहीं से आरम्भ होता है। इनके समय में अतीत के झरोखे से वर्तमान के दिग्दर्शन की प्रवृत्ति का प्रादुर्भाव हुआ। उनकी प्रसिद्ध कृतियों में 'गढ़ कुंडार' (1920), 'विराटा की पद्मिनी' (1930), 'झांसी की रानी' (1946), 'मृगनयनी' (1950) आदि प्रसिद्ध हैं। ये दिवंगत हो चुके हैं।

भगवती चरण वर्मा–उनके छोटे पर अत्यन्त लोकप्रिय उपन्यास 'चित्रलेखा' (1935) की माँग आज भी बनी हुई है। उसका कथानक चन्द्रगुप्त, चित्रलेखा और एक योगी के इर्द-गिर्द घूमता है। पाप-पुण्य की परिभाषा इस पुस्तक का लक्ष्य है। भाषा की मधुरता इस पुस्तक की विशिष्टता है। इस पर अब तक कम-से-कम दो बार फिल्में बन चुकी हैं। भगवती चरण वर्मा की अन्य कृतियाँ हैं–'तीन वर्ष', 'टेढ़े-मेढ़े रास्ते' आदि। वर्मा जी भी नहीं रहे।

आचार्य चतुरसेन शास्त्री–यह भी नहीं रहे पर इनकी अमर कृतियाँ नहीं मिटेंगी। ये अत्यन्त परिश्रमी थे। इन्होंने जितना अध्ययन या स्वाध्याय किया, उतना ही लिखा भी। इनके प्रसिद्ध उपन्यास हैं–'मन्दिर की नर्तकी' (1939), 'वैशाली की नगरवधू' (1947 ई.), 'आलमगीर'

(1954), 'सोमनाथ' (1954), 'वयं रक्षामः' (1955), 'सोना और खून' (चार भाग 1958), 'सह्याद्रि की चट्टानें' (1969) आदि। उनका उपन्यास 'वयं रक्षामः' अब तक प्रकाशित हिन्दी का श्रेष्ठ उपन्यास है। उसकी भाषा, शैली और शिल्प सभी बेजोड़ हैं। उनकी 'वैशाली की नगरवधू' भी एक अतिचर्चित कृति है।

राहुल सांकृत्यायन–राहुल सांकृत्यायन प्रसिद्ध यायावर एवं बौद्ध भिक्षु थे। इन्होंने तिब्बत और अन्य स्थानों से प्रचुर मात्रा में प्राचीन बौद्ध पांडुलिपियाँ एकत्रित कर भारत के साहित्य भंडार को समृद्ध किया। उनके द्वारा लाई गई कृतियाँ मुख्यतः पटना के प्रसिद्ध म्यूजियम में हैं। राहुल जी कई भाषाओं के धुरन्धर विद्वान् तो थे ही, चर्चित लेखक भी थे। उनकी प्रसिद्ध कृतियाँ हैं–'सिंह सेनापति' (1942), 'मधुर स्वप्न' (1950), 'विस्मृत यात्री' (1955), 'दिवोदास' (1961) आदि।

यशपाल–यशपाल एक समर्थ उपन्यासकार थे। उनके नायक सामाजिक परम्पराओं को बनाने और आवश्यकतानुसार उन्हें तोड़ने में भी समर्थ हैं। यही विशेषता उनकी औपन्यासिक कृतियों को विशिष्ट बनाती है। उनकी प्रमुख कृतियाँ है–'दिव्या' (1945), 'अमिता' (1956), 'झूठा सच' (1958)। 'झूठा सच' ने उन्हें बहुत यश दिया।

रांगेय राघव–यह मार्क्सवाद से प्रभावित साम्यवादी सोच के लेखक थे पर थे बड़े परिश्रमी और प्रतिभाशाली। उनका उपन्यास 'मुर्दों का टीला'(1948) अत्यन्त लोकप्रिय है। उनकी अन्य महत्वपूर्ण कृतियाँ हैं 'चीवर' (1951), 'अंधेरे के जुगनू' (1953), प्रतिदान (1957), राह न रुकी, (1956), 'पक्षी और आकाश' (1958), 'महायात्रा–गाथा' 'कब तक पुकारूँ' इत्यादि।

हजारी प्रसाद द्विवेदी–श्री द्विवेदी संस्कृत से हिन्दी में आए। ये संस्कृत-साहित्य के उद्‌भट विद्वान् थे पर हिन्दी को भी उनका योगदान अमूल्य है। उनकी कृतियों में सर्वाधिक मोहक है–'चारु चन्द्रलेख' (1936), अन्य प्रसिद्ध औपन्यासिक कृतियाँ हैं–'बाणभट्ट की आत्मकथा', 'पुनर्नवा' तथा 'अनामदास का पोथा'।

अमृतलाल नागर–नागर जी के उपन्यास 'मानस का हंस' ने, जिसका प्रकाशन 1975 के आसपास हुआ था, अपने शिल्प, कथ्य और प्रस्तुतीकरण के फलस्वरूप लोकप्रियता के सभी मानदंड तोड़ दिए थे। यह एक सुखद आश्चर्य है कि अभी भी प्रायः प्रतिवर्ष उसका नया संस्करण होता है।

उनका दूसरा उपन्यास 'खंजन-नयन', जो सूरदास की जीवन गाथा पर आधृत है, लोकप्रियता की दृष्टि से दूसरे स्थान पर है। नागर जी की अन्य कृतियाँ हैं–'बूंद और समुद्र', 'नाच्यौ बहुत गोपाल', 'पीढ़ियाँ' आदि।

कमलेश्वर–कमलेश्वर अकेले अपने बूते पर प्रयोगकर्मी बने रहे। 'नई कहानियाँ' पत्रिका के माध्यम से 'नई कहानी' का अलख जगाते रहे। उन्होंने इधर एक उपन्यास लिखा है 'कितने पाकिस्तान' जो बहुत अच्छी कृति बन पड़ी है। कई भाषाओं में इसके अनुवाद हुए और कई संस्करण अब तक हो चुके हैं।

विष्णु प्रभाकर–प्रभाकर जी बहुमुखी प्रतिभा के धनी लेखक हैं। इनकी उम्र 2002 में नब्बे वर्ष हो गई फिर भी ये लेखन में सक्रिय हैं। प्रभाकर जी मूलतः नाटककार हैं और इनके कई नाटक प्रकाशित हैं। ये निबंधकार भी अच्छे हैं।

प्रभाकर जी को प्रसिद्धि मिली शरच्चन्द्र पर लिखित औपन्यासिक कृति 'आवारा मसीहा' से। इस पुस्तक के लिए आपने श्रम भी खूब किया। कई स्थानों के भ्रमण और अध्ययन-अन्वेषण के पश्चात् यह अनूठी पुस्तक आई।

भीष्म साहनी–यह भी पुरानी पीढ़ी के लेखक हैं। विष्णु प्रभाकर से इनकी उम्र थोड़ी ही कम होगी। कहानीकार के रूप में इन्होंने अच्छी ख्याति आर्जित की है। कुछ दिनों तक ये 'नई कहानियाँ' के सम्पादक भी रहे। इनके उपन्यास 'तमस' की काफी चर्चा हुई। इस पर इन्हें साहित्य अकादमी पुरस्कार भी मिला।

डॉ. भगवती शरण मिश्र–ऐतिहासिक-पौराणिक उपन्यासकारों में

इन्होंने सर्वाधिक लेखन किया है। प्रमुख कृतियाँ हैं–'पहला सूरज', 'पवनपुत्र', 'पुरुषोत्तम', 'पीताम्बर', 'काके लागूं पांव', 'गोबिन्द गाथा', 'देख कबीरा रोया', 'अथ मुख्यमंत्री कथा', 'शान्तिदूत', 'अग्निपुरुष' इत्यादि।

2. बंगला

बंगला स्वतन्त्र भाषा के रूप में करीब हज़ार वर्ष से चलती आ रही है पर उसके साहित्य का विशेष उदय इधर हाल के सौ वर्षों में हुआ है। प्राचीनतम बंगला के चरिया-पद 47 की संख्या में हैं जो बहुत काल से जाने हुए हैं। उनके अतिरिक्त और भी पद बनते रहे हैं, जिन्होंने प्राचीन बंगाल के जीवन से हमारा परिचय कराया है।

इस्लाम के हमले ने बंगाल की संस्कृति पर प्रतिकूल प्रभाव डाला, फिर भी बंगला की साहित्यिक गतिविधियाँ रुक न सकीं। मयूर भट्ट ने लाडसेन की कथा लिखी, काड़ा हरिदत्त ने बिहुला और लखिन्दर की। इस्लाम के आने के बाद पहला प्रसिद्ध पदकार बंगला में चण्डीदास हुआ, जिसने राधा-कृष्ण के प्रेम पर अद्‌भुत मधुर गान रचे। चण्डीदास के नाम से करीब 1200 पद विख्यात हैं, यद्यपि इनमें से थोड़े ही चण्डीदास के बनाये हुए हैं। उस गायक की लोकप्रियता ने अनेकों के पद उसके नाम के साथ जोड़ दिये। दीन चण्डीदास भी उसी परम्परा का कवि है और उसका 'कृष्ण-कीर्तन' मध्यकालीन बंगला का प्रसिद्ध काव्य है। चौदहवीं सदी के शुरू में होने वाले कृत्तिवास ओझा ने रामायण की कथा लेकर काव्य लिखा, जिससे उसने काफी ख्याति पाई। उस रामायण को 'कृत्तिवास रामायण' ही कहते हैं। उसका आधार बहुत हद तक वाल्मीकि रामायण है पर कवि की कुछ मौलिक उद्‌भावनाएँ भी इसमें

लक्षित हैं। उसका हिन्दी अनुवाद भी उपलब्ध है। पन्द्रहवीं सदी के चौथे चरण में मालाधर वसु ने गुणराज खाँ के नाम से कृष्ण की कथाएँ काव्यबद्ध कीं जो बड़ी लोकप्रिय हुईं। उन्हीं दिनों विजयगुप्त और विप्रदास ने बिहुला और लखिन्दर की प्रसिद्ध कविताएँ लिखीं।

पन्द्रहवीं सदी बंगला साहित्य में विशेष स्थान रखती है। उसी सदी में चैतन्य महाप्रभु ने श्रीमद्भागवत आदि का गहन अध्ययन कर अपनी भक्ति और प्रतिभा के आधार पर अपना अद्भुत भक्ति-रस बहाया और बंगला के मुसलमान सुल्तान भी बंगला के प्रति आकृष्ट हुए। रामायण-महाभारत और पुराणों की कथाएँ तब से उन्नीसवीं सदी तक लगातार काव्यबद्ध होती गईं।

पन्द्रहवीं सदी में ही विद्यापति के मधुर पद बंगाल के नए कवियों के गायन में बसे और बंगला में इस प्रकार एक नए गीति काव्य की धारा बही। बंगाली बहुत काल तक विद्यापति को बंगाली ही मानते रहे। यह विवाद खूब चला, यद्यपि वह मैथिल थे। ब्रजभाषा भी ब्रज-बुली के नाम से तभी बंगाल में प्रचलित हुई और उसने बंगला के कवियों पर अपना प्रभाव डाला।

पंद्रहवीं शताब्दी में चैतन्य महाप्रभु का जादू धीरे-धीरे सिर चढ़ता गया और सोलहवीं सदी के आते-आते वह अवतारी पुरुष बन गए। अतः उस सदी में उनके जीवन-चरित्रों की जैसे बाढ़ आ गई और 'चैतन्य-भागवत', 'चैतन्य-मंगल', 'चैतन्य-चरणामृत' आदि नामों से चैतन्य का चरित्र लिखा गया। इसी प्रकार अनेक वैष्णव संतों की कथाएँ भी सत्रहवीं-अठारहवीं सदी तक लिखी जाती रहीं।

सत्रहवीं सदी में अनेक मुसलमान कवियों ने भी बंगला का साहित्य सँवारा। फारसी और अरबी की परम्पराएँ बंगला में भी आईं और सूफी मत अनेक प्रकार और रूप से साहित्य में प्रविष्ट हुआ। दौलत काज़ी, कुरैशी, मुहम्मद खाँ, अब्दुल नबी, आलावोल आदि उस काल के प्रसिद्ध मुसलमान बंगाली कवि थे। इस दिशा में मुसलमान कवियों का दृष्टिकोण धार्मिक होता हुआ भी काफी रूमानी था, जिससे उनका काव्य विशेष

आकर्षक हुआ। उनमें आलावोल की काव्य-रचना ने अपने माधुर्य और आध्यात्मिकता के कारण अत्यधिक ख्याति अर्जित की।

सोलहवीं सदी के बंगाल के जीवन पर प्रकाश डालते हुए कवि-कंकण मुकुन्दराम चक्रवर्ती ने अपने चण्डी काव्य लिखे जो बड़े लोकप्रिय हुए। इस काल में नागमाता सम्बन्धी अनेक रचनाएँ प्रस्तुत हुईं।

सत्रहवीं-अठारहवीं सदी में गोपीचंद भरथरी सम्बन्धी गीत लिखे गए, जिनका प्रभाव बंगला से बाहर के साहित्यों पर भी पड़ा। उस काल यह विषय सबसे अधिक लोकप्रिय हुआ। बिहार, उत्कल और बहुत सीमा तक पूर्वी उत्तर प्रदेश में भरथरी के गीत लोक-गीतों की तरह प्रचलित हो गए।

साहित्य की दृष्टि से अठारहवीं सदी कुछ विशेष महत्व की न थी, पर हिन्दू-मुसलिम एकता की नींव उसमें अवश्य पड़ी, विशेषकर इस कारण भी कि फिरंगी सरकार बंगाल में तब तक प्रबल होने लगी थी। अठारहवीं सदी में ही बंगला गद्य का भी आरम्भ हुआ और कुछ कहानियाँ लिखी गईं। रामराम वसु ने 'प्रतापादित्य-चरित' और मृत्युजंय विद्यालंकार ने 'पुरुष-परीक्षा' लिखी। उन्नीसवीं सदी के आरम्भ होते ही 'समाचार-दर्पण' नाम से बंगला में पहला पत्र निकला।

उन्नीसवीं सदी में राजा राममोहन राय और उनके द्वारा स्थापित ब्रह्म-समाज के प्रयास से बंगाल में एक नया जागरण हुआ। उपनिषदों के अनुवाद बंगला में किये गये और अनेक संस्कृत ग्रंथ बंगला पढ़ने वालों की परिधि में आये। उस काल का बंगला-गद्य संस्कृत शब्दों से बोझिल है। उसको प्रवाहमय और सरल बनाने का श्रेय ईश्वरचन्द्र विद्यासागर, प्यारीचन्द मित्र और अक्षयकुमार दत्त को है। प्यारीचन्द मित्र ने तो 'आलानेर घरेर दुलाल' नाम का एक सामाजिक उपन्यास भी कलकत्ते में बोली जाने वाली टकसाली ज़बान में लिखा। अक्षय बाबू के निबन्ध विविध विषयों पर हैं।

उन्नीसवीं सदी के बीच बंगला को दो महान् और यशस्वी साहित्यकारों का योग मिला। उनमें एक माइकेल मधुसूदन दत्त थे और दूसरे बंकिमचन्द्र

चट्टोपाध्याय। वह युग ही असल में उन्हीं दोनों के नाम पर चला और उनके प्रयास से एक नए तरुण बंगाल का जन्म हुआ। मधुसूदन दत्त का 'मेघनाद-वध काव्य' और 'ब्रजांगना काव्य' अत्यन्त मधुर भाषा में लिखे गये और बड़े लोकप्रिय हुए। बंकिम ने आधुनिक उपन्यास की परम्परा बंगला में डाली और अनेक देशी भाषाओं को अपने उपन्यासों से प्रभावित किया। 'दुर्गेशनन्दिनी', 'राजसिंह', 'सीताराम', 'विषवृक्ष', 'कृष्णकान्तेर बिल', 'कपालकुण्डला' और 'आनन्दमठ' बंकिम के प्रसिद्ध उपन्यास हैं। 'आनन्दमठ' में ही भारत का राष्ट्रीय गान 'वन्दे मातरम्' है। स्वतंत्रता आंदोलन के दौरान पंजाब में रावी नदी के किनारे महात्मा गांधी के नेतृत्व में प्रथम बार भावी स्वतंत्र भारत का झंडोत्तोलन् इसी गीत से हुआ–

सुजलां सुफलां शस्य श्यामलां मातरम्, वन्दे मातरम्

बंकिमचन्द्र अंग्रेजों के जमाने में डिपुटी कलेक्टर नियुक्त हुए थे। सहकारी सेवा में रहते हुए भी निर्भय होकर उन्होंने राष्ट्रीय मानवता से पूर्ण लेखन किया। उसी काल में प्रसिद्ध और मेधावी भक्त रामकृष्ण परमहंस के शिष्य स्वामी विवेकानन्द हुए जिन्होंने बंगाल के जीवन पर गहरा प्रभाव डाला। रंगलाल बन्द्योपाध्याय ने तभी राजपूत वीरता सम्बन्धी कुछ बड़ी सुन्दर कविताएँ लिखीं। कालिदास के 'कुमारसम्भव' का बंगला अनुवाद उसी कवि ने प्रस्तुत किया।

बंगला नाटक के निर्माताओं में पहला स्थान दीनबन्धु मित्र का है। उनका 'नील-दर्पण' बंगला के किसानों पर नील बोने वाले फिरंगी ज़मीदारों के अत्याचार का सचमुच दर्पण ही बनकर साहित्य में आया।

राजा राजेन्द्रलाल मित्र ने अनेक ऐतिहासिक निबंध लिखे और भूदेव मुखोपाध्याय ने अपने सामाजिक और सांस्कृतिक निबन्धों से बंगला को संवारा। उसी काल का कालीप्रसन्न सिन्हा द्वारा कलकत्ते की बोली में लिखा 'हुतोम पेन्चार नक्शा' उस काल के कलकत्ते के समाज का चित्र उपस्थित करता है। बिहारीलाल चक्रवर्ती ने जिस कल्पनाप्रधान काव्यधारा

का आरम्भ किया, उसकी परिणति रवीन्द्रनाथ ठाकुर की कविताओं में हुई। रवि बाबू ने स्वयं बिहारीलाल का ऋण स्वीकार किया है। मधुसूदन दत्त के बाद ही नवीनचन्द्र सेन का बंगला काव्य में स्थान है।

रोमेशचन्द्र दत्त बंगाल के जाने हुए इतिहासकार हो गए हैं। उन्होंने अनेक उपन्यास भी लिखे हैं। गिरीशचन्द्र घोष भी तभी हुए और 1911 ई. तक जीते रहे। उन्होंने करीब 60 नाटक, हास्य, स्केच आदि लिखे। उसी काल के पुरातत्त्व के विद्वान पण्डित हरप्रसाद शास्त्री ने सन् 1932 तक अपने विविध पांडित्य का लाभ बंगला को दिया।

परन्तु बंगला साहित्य को सबसे महान् व्यक्तित्व रवीद्रनाथ ठाकुर के रूप में मिला। सन् 1913 में उन्हें उनकी पुस्तक 'गीतांजलि' पर नोबेल पुरस्कार मिला और संसार ने उनकी सर्वतोमुखी मेधा के सामने सिर झुकाया। इधर की सदियों में इतना महान् साहित्यकार न हुआ था। कालिदास के बाद भारतीय साहित्य में रवीन्द्रनाथ ठाकुर शायद सबसे महान् व्यक्ति हुए। उनकी कृतियों में काव्य, नाटक, उपन्यास, कहानी, निबंध सभी हैं। पर रवि ठाकुर प्रधानतः कवि थे। प्रायः आधी सदी तक उनका लाभ बंगला को हुआ और उनकी अनेक रचनाएँ संसार की अनेक भाषाओं में अनूदित हुईं। रवि बाबू की काव्य भाषा सरल और आकर्षक थी।

रवि ठाकुर की प्रतिभा से अनेक कवि और नाटककार दब गए, फिर भी उस काल के कुछ प्रसिद्ध साहित्यकारों के नाम ये हैं–देवेन्द्रनाथ सेन, अक्षयकुमार बड़ाल, रजनीकान्त सेन, श्रीमती कामिनीराय, श्रीमती स्वर्णकुमारी देवी (उपन्यासकार), रामेन्द्रसुन्दर त्रिवेदी (निबंधकार), सत्येन्द्रनाथ दत्त (कवि), प्रभातकुमार मुखोपाध्याय (उपन्यास-कहानीकार), द्विजेन्द्रलाल राय (नाटककार), क्षीरोदचन्द्र विद्याविनोद (नाटककार), अतुलप्रसाद सेन (गीतकार) और राखालदास बंद्योपाध्याय (इतिहासकार और उपन्यासकार)।

बंगला के सबसे बड़े उपन्यासकार शरत्चन्द्र चट्टोपाध्याय हुए। उनके उपन्यासों में बंगाल का आर्द्र और करुण जीवन फूट पड़ा। 'चरित्रहीन', 'श्रीकान्त', 'परिणीता', 'अरक्षणीया' आदि उनके अनेक उपन्यास

देश-भर में प्रसिद्ध हुए।

शरत्‌चन्द्र के बाद सामाजिक क्रान्ति ने एक नई दिशा की ओर संकेत किया। प्रगतिशील साहित्यकारों ने विशेष मनोयोग से नए युग का साहित्य सम्हाला। उपन्यास के क्षेत्र में अन्य अनेक मेधावी लेखकों के अतिरिक्त मनोज वसु और ताराशंकर बन्द्योपाध्याय अग्रणी हैं। आलोचना के क्षेत्र में गोपाल हालदार ने विशेष स्फूर्ति भरी।

इधर के दिनों में भी बंगला साहित्यकार विशेषकर उपन्यासकार अच्छा लिख रहे हैं।

'साहब, बीबी और गुलाम' तथा 'खरीदी कौड़ियों के मोल' जैसे बृहत् उपन्यास लिखकर विमल मित्र ने भी राष्ट्रव्यापी ख्याति अर्जित की। उनके उपन्यासों का हिन्दी के साथ कई भाषाओं में अनुवाद हुआ।

सुनील गंगोपाध्याय जीवित लेखकों में अग्रिम पंक्ति में हैं। लेखिकाओं में महाश्वेता देवी तथा आशापूर्णा देवी ने पर्याप्त प्रतिष्ठा अर्जित की।

3. गुजराती

गुजरात का साहित्य भी काफी भरा-पूरा है। गुजराती बोलने वालों की संख्या प्रायः पाँच करोड़ है और उसके बोलनेवाले न केवल भारत में बल्कि एशिया और अफ्रीका के अनेक देशों में फैले हैं।

गुजराती का साहित्य जैनों ने अपने ग्रन्थ लिखकर आरंभ किया। इस दृष्टि से यह साहित्य करीब दसवीं सदी में ही शुरू हो गया था। जैनों से भिन्न साहित्यकारों का उदय पन्द्रहवीं सदी के बाद हुआ। तभी मीराबाई ने अपने मधुर पद लिखे। मीरा के पद गुजराती में नहीं थे किन्तु गुजराती जनता में वे इतने लोकप्रिय हुए कि भाषा को जहाँ-तहाँ बदलकर उन्हें गुजराती बना डाला गया।

उस काल के प्रधान कवि नरसिंह मेहता, बल्लभ, मेवादो और अखो हुए। तीनों ने धर्म-सम्बन्धी कविताएँ लिखीं जिनका बड़ा आदर हुआ। बल्लभ ने प्रकृति में मातृत्व देखा और अखो ने दुनियावी बेईमानी को धिक्कारा। उनके बाद ही गुजराती साहित्य के महान कृतिकार प्रेमानन्द ने पौराणिक आख्यान लिखे जो बहुत काल तक जीवन के आदर्श बने रहे।

उसी काल सामल ने कहानियाँ लिखीं। उसकी कहानियों में जात-पाँत का भेद-भाव न रहा। इस दिशा में उसने नरसिंह मेहता का अनुकरण किया। सामल के बाद एक नई धारा बही और नए कवियों ने समाज की रूढ़ियों और ठेकेदारों पर गहरे आघात किये। धर्म का सहारा उन्होंने छोड़ दिया और सामाजिक कुरीतियों को अपने काव्य का विषय बनाया। पुराने दृष्टिकोण के कवियों में प्रधान दयाराम हुआ जिसने प्रेम और रस से ओतप्रोत बल्लभ सम्प्रदाय सम्बन्धी कविताएँ लिखीं।

बल्लभ, कृष्ण भक्ति के आचार्य थे। उन्होंने यद्यपि संस्कृत में रचनाएँ कीं पर हिन्दी, गुजराती और राजस्थानी साहित्य पर उनका काफी प्रभाव रहा। सूरदास को हिन्दी का सर्वश्रेष्ठ कवि बल्लभ ने ही बनाया।

1825 ई. से गुजराती साहित्य का वर्तमान युग शुरू होता है। उसके आरम्भ करने वालों में प्रधान दलपतराम और नर्मदाशंकर थे। उन्नीसवीं सदी के अन्त में उनका देहान्त हुआ। उन्होंने भाषा में नई जान डाली, नया रस भरा। गद्य भी तब नए सिरे से लिखा जाने लगा।

पिछले काल में गुजराती के अच्छे लेखक निम्नलिखित हुए–

महात्मा गांधी, काका कालेलकर, आनंद शंकर ध्रुव, कन्हैयालाल माणिकलाल मुन्शी, मेघाणी, कलापी, उमाशंकर जोशी। कन्हैया लाल मुंशी का योगदान इस रूप में अधिक है कि उन्होंने पौराणिक ग्रन्थों से गुजराती को बहुत कुछ दिया। महाभारत को उन्होंने कई खण्डों में लिखकर उनके पात्रों से सामान्य पाठकों का परिचय कराया।

यहाँ उन्नीसवीं और बीसवीं कुछ प्रधान साहित्यकारों के नाम दिए

जाते हैं–ग. म. त्रिपाठी ने 'सरस्वतीचन्द्र' नाम का चार भागों में देशी राज्यों-सम्बन्धी उपन्यास लिखा। बहरामजी मालाबारी ने काव्य में दलपत और नर्मदाशंकर का अनुकरण किया। महात्मा गांधी ने गुजराती में अनेक पुस्तकें लिखीं ओर शैली को निखारा। उन्होंने गीता का भी गुजराती में अनुवाद किया। बाद में वह अंगेजी में भी आया। पारसी लेखक खबरदार ने गद्य-पद्य दोनों लिखे। उनकी शैली में व्यंग्य काफी है। नानालाल दलपतराम ने गीति-काव्य, नाटक, उपन्यास और निबन्ध भी लिखे। आनन्द शंकर बापूभाई ध्रुव ने गुजराती में धर्म और दर्शन पर अनेक ग्रन्थ लिखे और दीवान बहादुर ध्रुव ने अनेक संस्कृत नाटकों के अनुवाद किये।

नीलकण्ठ ने गुजराती में सुन्दर आलोचना की परम्परा आरम्भ की। ठाकुर ने गद्य-पद्य दोनों लिखे। गद्य में तो उसने अपनी शैली ही चला दी। कन्हैयालाल माणिकलाल मुंशी ने गुजराती साहित्य को अपने ऐतिहासिक उपन्यासों से भी समृद्ध किया। रमनलाल देसाई भी माने हुए उपन्यासकार हैं। उन्होंने पारिवारिक और सामाजिक विषयों का अपने उपन्यासों और नाटकों में चित्रण किया। झवेरचन्द मेघाणी ने गुजराती लोक-कथाओं का संग्रह कर अनेक प्रान्तों के तत्सम्बन्धी प्रयत्नों पर प्रभाव डाला। दिवेटिया ने काव्य और आलोचना दोनों में अपनी शक्ति प्रदर्शित की। मणिशंकर रतनजी भट्ट ने 'कान्त' नाम से गुजराती में मधुर काव्यधारा बहाई। गुजराती साहित्य के पिछले काल के प्रधान कवियों में अग्रणी 'कलापी' माने जाते हैं। उनका प्रकृत नाम सुरसिंह गोहिल था और वे काठियावाड़ में लाठी के ठाकुर थे। उनकी कविता में बड़ी करुणा है। 1900 ई. में उनका देहान्त हुआ। उमाशंकर जोशी ने कविता के अतिरिक्त आलोचना के क्षेत्र में भी काफी लिखा। श्री जोशी नई पीढ़ी के गुजराती लेखकों, विशेषकर समीक्षकों के प्रेरणा-स्रोत रहे हैं।

गुजराती साहित्य को पारसी, मुसलमान और हिन्दू तीनों का योग मिला और तीनों ने बिना किसी भेदभाव के अपनी सुन्दरतम रचनाएँ उसे दीं।

4. मराठी

मराठी भाषा का जन्म महाराष्ट्रीय प्राकृत और अपभ्रंश द्वारा प्रायः दसवीं सदी में ही हो गया था। मराठी का विस्तार उत्तर में दमन से दक्षिण में गोवा तक है और पश्चिम में मुम्बई से लेकर मध्यप्रदेश तक।

आरम्भ में मराठी में बहुत काल तक धार्मिक काव्य ही लिखे गए। नाथ पंथ और भक्ति-मार्ग के आधार से इस दिशा में विशेष प्रगति हुई। वैसे परम्परा के अनुसार तो मराठी भाषा का आरम्भकर्ता दार्शनिक कवि मुकुन्दराज माना जाता है। महानुभाव पंथ की भाषा उसके कुछ ही बाद सारे भारत में मराठी हुई। उस पंथ के प्रधान काव्यकार भास्कर भट्ट, नरेन्द्र दामोदर भट्ट और महीन्द्र भट्ट हुए। भास्कर भट्ट ने 'शिशुपाल-वध' और 'उद्धवगीत' लिखे, नरेन्द्र ने 'रुक्मिणी स्वयम्वर', दामोदर भट्ट ने 'वस्त्रहरण' और महीन्द्र भट्ट ने पंथ के प्रर्वतक चक्रधर का चरित्र लिखा।

13वीं सदी के अन्त में कवि-दार्शनिक ज्ञानेश्वर हुए और उन्होंने धार्मिक आन्दोलन को एक नया मोड़ दिया। 'भगवद्गीता' पर अत्यन्त सुन्दर शैली में उनकी व्याख्या 'ज्ञानेश्वरी' प्रस्तुत हुई। गीता पर 'ज्ञानेश्वरी' सदृश और कोई ग्रन्थ नहीं आया। एक अर्थ में यह लोकमान्य तिलक के गीता से भी बढ़कर है। उनका दूसरा ग्रन्थ 'अमृतानुभव' उतना लोकप्रिय न हो सका। सन्त ज्ञानेश्वर से सन्त नामदेव उम्र में कुछ बड़े थे। उनकी भक्ति अत्यन्त सरल थी और उन्होंने अनेक भक्तिपरक मधुर पद रचे। उनके अभंग पंजाब तक जा पहुँचे।

अभंगों की परिपाटी देर तक मराठी में चलती रही। नामदेव की दासी जनाबाई ने भी अनेक मधुर अभंग लिखे। इस पंथ के अधिकतर गायक नीचे कुलों के थे। गोरा कुम्हार था, विठोबा (नामदेव का गुरु) सौदागर, नरहर सुनार, स्वता माली और जोगा तेली। इन सन्तों की वाणी काव्यमयी थी और अनेक बार उनके पदों में मधुर राग फूट पड़ा।

अगली सदियाँ मराठी साहित्य में अन्धकारमयी रहीं। 15वीं सदी के मध्य भानुदास ने विठोबा के अनुसरण में कुछ प्रयत्न किए। उनके

पड़पोते एकनाथ के गुरु जनार्दन स्वामी ने तब अपना दत्त पंथ चलाया। एकनाथ ने 'एकनाथी भागवत' और 'भावार्थ रामायण' रचे। 'रुक्मिणी-स्वयंवर' भी उन्हीं का लिखा है।

एकनाथ के पोते मुक्तेश्वर ने महाभारत का पहला मराठी अनुवाद प्रस्तुत किया। अनुवाद के रूप में उसने केवल उसकी रूपरेखा ही रखी, बाकी कथा उसने अपने ही शब्दों में कही। कविता ने उसके हाथ में एक नया मोड़ लिया। मुक्तेश्वर के बाद ही मराठी साहित्य के तीन महान् व्यक्तित्व हुए—तुकाराम, रामदास और वामन पण्डित। वामन महान् पण्डित था। उसके प्रबन्ध काव्य सुन्दर और रसमय हैं। रामदास ने रामदासी पंथ चलाया। वे अपनी प्रसिद्धि के बल पर क्षत्रपति शिवाजी के गुरु बने। 'दासबोध' उन्होंने अपने शिष्यों के आचरण के लिए लिखा। उस ग्रन्थ को मराठी धार्मिक साहित्य में उच्च स्थान मिला। तुकाराम जाति के मोदी थे और पढ़े-लिखे न थे। वे सन्त अधिक थे, कवि कम, परन्तु उन्होंने भक्ति की धारा अपने पाँच हज़ार अभंगों में प्रवाहित की।

वामन पण्डित की संस्कृत शैली का भी काफी अनुसरण हुआ। मराठी का एक गढ़ तंजोर था, जहाँ आनन्द तनय और रघुनाथ पण्डित विशेष प्रतिभावान हुए। रघुनाथ पण्डित का 'दमयन्ती-विवाह' बहुत लोकप्रिय हुआ। उस काल निरंजन माधव और सामराज्य ने भी कविता के क्षेत्र में काफी यशलाभ किया।

अठारहवीं सदी का प्रधान कवि मोरोपन्त था। उसने 'मंत्र-भागवत' और 'आर्या-भागवत' लिखे। आर्या छन्द का वह अधिकारी आचार्य है। उसकी गेय कविता की 'एकावली' काफी प्रसिद्ध हुई। साहित्य में मोरोपन्त का भी खूब अनुसरण हुआ। मोरोपन्त के बाद मध्व-मुनेश्वर, अमृतराय और महीपति ने काव्य-साधना की।

उसी सदी में वीर-चरित्र (पवाड़ा) भी काव्य के विषय बने। पवाड़ों की भाषा जनपरक थी, संस्कृत की बोझिल शैली से स्वतन्त्र। वीर-चरितों के अतिरिक्त एक नए प्रकार की प्रेम-कविताएँ भी चलीं जिन्हें 'लावनी' कहते थे। लावनी छोटी गेय कविताएँ होती थीं, मात्रा छन्द में प्रस्तुत।

उनमें अधिकतर राधा-कृष्ण के प्रेम का वर्णन हुआ।

उन्नीसवीं सदी में अनेक अनुवाद हुए। संस्कृत और अंग्रेज़ी दोनों के ग्रन्थ मराठी में प्रस्तुत किए गए। इसके अतिरिक्त 'लोकहितवादी' निबन्धों की भी परिपाटी चली। सन्त कवियों के अभंग संगृहीत और सम्पादित हुए। 1843 ई. में महाराष्ट्र का रंगमंच बना जिसपर पौराणिक नाटक खेले जाने लगे।

शीघ्र ही लोकहितवादियों का प्रभुत्व बढ़ा और रूढ़ियों पर चोट पड़ने लगी। गोपाल हरि देशमुख ने 'शतपत्रे' नाम से उस दिशा में बार-बार आघात किए। उन्हीं दिनों महादेव गोविंद रानाडे, रामकृष्ण गोपाल भंडारकर और कुन्ठे ने महाराष्ट्र का ध्यान प्राचीन भारतीयता की ओर आकर्षित किया, साथ ही पश्चिम की संस्कृति को भी उचित मात्रा में देश के लिए आदर्श माना। विष्णु शास्त्री चिपलूणकर ने उसी काल 'निबन्धमाला' द्वारा मराठी में नए गद्य की शैली प्रस्तुत की। निबन्ध के रूप में उस लेखक ने अपने हाथों में एक महान् अस्त्र धारण किया। बाल गंगाधर तिलक और आगरकर ने सामाजिक कुरीतियों के विरुद्ध लड़ते हुए भारतीय स्वतन्त्रता के क्षेत्र में सराहनीय प्रयत्न किये। भगवद्गीता पर 'गीता-रहस्य' नाम की तिलक की व्याख्या तो आजादी के युवकों की पावन पुस्तक ही बन गई और उसका अनेक भाषाओं में अनुवाद हुआ।

अगले युग में नरसिंह चिंतामणि केलकर और पराञ्जपे ने अपने साप्ताहिक पत्रों द्वारा मराठी को खूब भरा-पूरा। काका कालेलकर के समान गद्यकार और पत्रकार मराठी में शायद दूसरा न हुआ।

1880 ई. के बाद मराठी नाटक का अनवरत विकास हुआ। संस्कृत और अंग्रेज़ी के नाटक अनूदित हुए और खेले गये। किर्लोस्कर ने संस्कृत नाटकों के खेलने में विशेष सफलता पाई। कोल्हटकर ने शेक्सपीयर की शैली को सामाजिक नाटकों में अपनाया। गडकरी उस काल का सबसे बड़ा नाटककार हुआ। नाटक को तब के साहित्यिक क्षेत्र में विशेष सम्मान मिला। हरि नारायण आप्टे ने अनेक ऐतिहासिक और सामाजिक

उपन्यास लिखे। उनके 'सूर्यग्रहण' और 'उषाकाल' का अनेक भाषाओं में अनुवाद हुआ।

काव्य के क्षेत्र में यूरोपीय शैली ने अपना प्रभुत्व जमाया। संस्कृत छन्द छोड़कर मराठी छन्द अपनाये जाने लगे। केशवसुत, गडकरी, तिलक, विनायक, माधवानुज, सबने उसी शैली को अपनाया। कोल्हटकर और गडकरी ने व्यंग्यपरक प्रहसन लिखे और हास्यपरक साहित्य के निर्माताओं में कप्तान लिमये, आचार्य अत्रे और जोशी का प्राधान्य रहा। कोल्हटकर ने आलोचना में भी प्रगति की। युद्धोत्तर काव्यकाल में 'रविकिरण मण्डल' ने विशेष कार्य किये। ताम्बे उस दिशा में अग्रणी थे। अत्रे और माधव जुलियन उस मंडल के प्रधान सूत्रधार थे। माधव जुलियन व्यंग्य में असाधारण कुशल हैं। अत्रे ने नाटक के क्षेत्र में असाधारण योग्यता प्रदर्शित की है और आज के मराठी रंगमंच का वह प्रधान निर्माता है।

उपन्यास के क्षेत्र में फड़के का नाम उल्लेखनीय है। उसने अधिकतर उच्च वर्ग को अपने उपन्यासों का विषय बनाया है। दूसरा प्रसिद्ध मराठी नाटककार खांडेकर है। मुधोलकर ने राजनीतिक उपन्यासों की रचना की। कथा-साहित्य में मराठी में विशेष प्रगति हुई है। खांडेकर, फड़के और जोशी ने अनेक सुन्दर कहानियाँ लिखी हैं।

मराठी ने बहुत लोकप्रियता प्राप्त की है। शिवाजी सामंत आज के प्रतिनिधि मराठी उपन्यासकार हैं। उनकी पुस्तक 'मृत्युंजय' ने धूम मचा दी। कर्ण के जीवन पर आधरित इस उपन्यास का अनुवाद कई भाषाओं में हो चुका है। उनका दूसरा प्रसिद्ध उपन्यास है 'छावा' जो 650 पृष्ठों का है और शिवाजी के बेटे राजाराम के जीवन पर आधृत है। प्रभाकर माचवे ने मराठी, हिन्दी के मध्य सेतु बनने का काम किया।

5. तमिल

तमिल, संस्कृत को छोड़कर भारत की भाषाओं में सबसे पुरानी भाषा है। शायद ढाई हज़ार साल पुरानी। उसके साहित्य पर समय-समय पर संस्कृत का प्रभाव पड़ता रहा है और संस्कृत के अनेक शब्द भी उसमें घुल-मिल गये हैं पर साधारण तौर से वह संस्कृत से स्वतन्त्र है। उसका अपना साहित्य है, अपना व्याकरण है, उसने स्वयं संस्कृत को अनेक शब्द दिये हैं।

तमिल साहित्य का आरम्भ 'संघों' में हुआ। लगता है कि समय-समय पर ये 'संघम्' कायम हुए और बहुत काल तक दक्षिण के पांड्य राजाओं के दरबार में फलते-फूलते रहे। इस प्रकार के तीन संघों का पता चलता है। 'संघम्' का अर्थ है, अकादमी या साहित्य सभा। हरेक संघ में अनेक कवि हुए और प्रत्येक ने अपने कवियों और साहित्यकारों की रचनाओं का संग्रह किया। पहले 'संघम्' का प्रधान अगस्त्य ऋषि को बताया जाता है और कहते हैं कि उसने तमिल का पहला व्याकरण लिखा। दूसरे 'संघम्' की प्रधानता का श्रेय भी उसी ऋषि और उसके शिष्य तोलकापियर को दिया जाता है। तोलकापियर का लिखा 'तोलकापियम्' नाम का एक व्याकरण आज भी मिलता है। बाकी और कोई पुस्तक पहले दोनों संघों की अब तक नहीं मिली है।

तीसरे 'संघम्' का साहित्य आज भी मिलता है जो कविताओं के संग्रह-रूप में बचा हुआ है। इस प्रकार के साहित्य के तीन संग्रह हैं—पहले संग्रह में आठ सुभाषितावलियाँ हैं, जिसमें 530 कवियों की करीब ढाई हज़ार कविताएँ संगृहीत हैं। इनको 'एट्टुतोगई' कहते हैं। संघम् का दूसरा संग्रह दस प्रशस्तियों का है जिनमें देवताओं की अर्चना में लिखी कविताएँ हैं। इनमें पाण्ड्य और चोल राजाओं एवं उस काल की जनता के भी चित्रण मिलते हैं। इस संग्रह का नाम 'पत्तुपाट्टु' है। तीसरा संग्रह अठारह कविताओं का है जो मूलतः आचार और नीति-सम्बन्धी हैं। इन अठारहों को एक साथ 'पदितेन्किल्कणक्कु' कहते हैं। इन्हीं में तमिल साहित्य

का अमर त्रिवर्ग है, जिसे 'कुरल' कहते हैं और जिसका दूसरा लोकप्रिय नाम 'झुप्पाल' भी है। यह तिरुवल्लुवर की कृति है और धर्म, अर्थ और काम की व्याख्या करती है। 'संघम्' युग के कवियों में प्रधान नक्कीरर, कपिलर और परनर थे। अव्वैयर 'संघम्' की सबसे प्रसिद्ध स्त्री-कवि है। अनेक संग्रहों में उसकी कविताएँ मिलती हैं। ये कवि अधिकतर ईसा की दूसरी सदी के आसपास हुए। तीसरे 'संघम्' का युग सातवीं सदी से पहले का है।

तमिल साहित्य के पाँच प्रधान काव्यों में दो–'शिलप्पदिकारम्' और 'मणिमेकलै' हैं। 'शिलप्पदिकारम्' का कवि इलंगो अडिगल शायद ईसा की दूसरी सदी में हुआ। वह चेर राजवंश का था। इस महाकाव्य की कथा बड़ी मनोरंजक है और इसमें उत्कृष्ट साहित्यक शैली, संगीत और नाटक तीनों का व्यवहार हुआ है। 'मणिमेकलै' की रचना कूलवाणियम साट्टनार ने की थी। वह अडिगल का समकालीन था। अपने काव्य में उसने उसी वीरांगना माधवी और उसकी कन्या मणिमेकलै का कथा-विस्तार किया है, जो 'शिलप्पदिकारम्' की नायिका है। इस प्रकार दूसरे काव्य में भी पहले की कथा चलती रहती है।

आगे की दो-तीन सदियाँ साहित्य की दृष्टि से ऊसर थीं। छठी सदी के लगभग तिरुमुलर और करैकल अमैयार ने पुनर्जागरण का आन्दोलन उठाया। जैन और बौद्ध धर्मों पर शैव और वैष्णव सन्तों के आघात शुरू हुए। शैव मन्दिरों में नित्य गाया जाने वाला 'तिरुवाचकम्' इसी काल में लिखा गया। इसी काल में तीन महान् सन्तों–अप्पर, सुन्दरर और सम्बन्दर के लिखे सूक्त भी 'तेवारम्' नाम से संगृहीत हुए। 12वीं सदी में उस काल के प्रसिद्ध कवि सेक्किलर ने शैवों का 'पेरियपुराणम्' रचा।

इसी प्रकार वैष्णव आचार्यों ने भी अनेक रचनाएँ कीं। उनके शुरू के 12 आचार्यों को आलवार कहते हैं। उनके पदों के संग्रह का नाम 'नालायिरप्रबन्धम्' है। इन सन्तों में सबसे महान मम्मालवार था। इन्हीं आलवार सन्तों में संत पेरियालवार की कन्या सन्त आन्डाल थी, जिसने

अपनी महान् रचना 'नाचियार तिरुमोलि' में विष्णु के पद गाये और अपने को उसकी प्रिया कहा। आन्डाल तमिल काव्य की एक प्रतिभाशालिनी संत कवयित्री हुई, उसकी तुलना हिन्दी की मीराबाई से की जाती है। आलवारों की काव्य परम्परा में अत्यंत सुन्दर कविताएँ प्रस्तुत हुईं। उसी काल कुछ लौकिक रचनाएँ भी हुईं जिनका धर्म से कुछ सम्बन्ध न था।

दसवीं और तेरहवीं सदियों के बीच तंजोर का चोल साम्राज्य प्रबल रहा। उसी काल सेक्किलर ने 'पेरियपुराणम्' और कम्बर ने 'रामायण' रचा। यह रामायण तमिल काव्य की चूड़ामणि है। उसे 'कम्ब रामायण' नाम से भी जानते हैं जिसका हिन्दी अनुवाद भी उपलब्ध है। उसका आधार भी वाल्मीकि रामायण है पर कवि ने उसमें अपनी मौलिक कल्पना का भी भरपूर उपयोग किया है। कम्बर 12वीं सदी में हुआ।

चौदहवीं-पन्द्रहवीं सदी में धार्मिक काव्य की धारा बही और तायुमान स्वामी ने अपने मधुर काव्य लिखे। तभी अतिवीर राम पाण्ड्यन ने 'नैषध' लिखा और कूर्मपुराण का अनुवाद किया। सुब्रह्मण्य की स्तुति में गाये अनुपम 'तिरुप्पुगल' की रचना भी पन्द्रहवीं सदी में अरुण गिरिनाथ ने की।

जैनों ने भी तमिल साहित्य के विकास में अपना योगदान किया। तमिल के पंच महाकाव्यों में प्रधान 'जीवक चिन्तामणि' जैन तिरुत्तक देवर की रचना है। इस काव्य ने तमिल में संस्कृत काव्य-रूप का प्रारम्भ किया।

पुर्तगालियों के आने के साथ 16वीं सदी के अन्त में तमिल साहित्य के वर्तमान रूप का आरम्भ हुआ। राबर्ट दी नोबिली ने अपना, तत्त्वबोधक स्वामी' नाम रखकर तमिल में अनेक ग्रन्थ लिखे और एक 'तमिल-पुर्तगाली कोश' भी प्रस्तुत किया। ऐसे ही एक दूसरे पुर्तगाली ने वीर महामुनि के नाम से अनेक ग्रन्थ लिखे। उसके अनेक काव्य ग्रन्थ भी उपलब्ध हैं। उन्नीसवीं सदी के मध्य यूरोप के प्रभाव में आकर तमिल साहित्य में नई लहर उठी। अनेक पत्र-पत्रिकाएँ प्रकाशित होने लगीं और 1870 में सुब्रह्मण्य अय्यर का दैनिक 'स्वदेशमित्रन्' छपने लगा जो बहुत

लोकप्रिय हुआ। इस प्रकार तमिल गद्य का पर्याप्त उत्कर्ष हुआ। गद्य की ही भाँति तमिल नाटकों का भी विकास हुआ। पुराने नाटक तो नष्ट हो गए हैं। सुन्दर पिल्ले का 'मनोन्मणीयम्' एक माना हुआ वीर-छन्द में लिखा नाटक है। लक्ष्मण पिल्ले की 'सत्यवती' शेक्सपीयर की 'सिम्बेलीन' पर आधारित है। सूर्यनारायण शास्त्री के नाटक 'रूपवती', 'कुलवती' और 'सरसलोचन', चेट्टियर की 'सरसांगी' काफी यश कमा चुके हैं।

कवियों में शास्त्रीयर, वेदनायकम् पिल्ले और सुब्रह्मण्यम भारती काफी प्रसिद्ध हुए। इनमें अन्तिम राष्ट्रीय कवि है जिसने अपने 'स्वदेशगीतम्' में बड़ी सुन्दर राष्ट्रीय कविताएँ प्रस्तुत कीं।

गद्य और कथा-साहित्य में विशेष उन्नति हुई। इस युग का सबसे पहला गद्यकार तांडवराय मुदलियर है, जिसने तमिल का प्रसिद्ध 'पंचतन्त्रतम्' लिखा। तमिल की सरल और शालीन गद्य-शैली अरुमुग नवलर ने प्रस्तुत की। राजम् अय्यर ने पहला यथार्थवादी उपन्यास 'कमलाम्बाल' लिखा। 'पद्मावती' भी यथार्थवादी उपन्यासों में से है। उसी परम्परा में सरवन पिल्ले की 'मोहनांगी' है।

तमिल साहित्य का विस्तार बड़ा है और विस्तार के साथ ही उसकी चोटी भी ऊँची है। इधर के तमिल साहित्यकारों, विशेषकर कवियों में, सुब्रह्मण्यम स्वामी शिखर पर हैं। उनकी कृतियों का हिन्दी सहित कई भाषाओं में अनुवाद हुआ। वर्तमान तमिल लेखकों में बालशौरि रेड्डी का नाम शिखर पर है। तमिल पत्रिका 'ओम् शक्ति', जो चेन्नई से प्रकाशित होती है, ने कुछ अच्छे लेखक तैयार किए हैं। उसकी अत्यधिक लोकप्रियता ने तमिल साहित्य की अभिवृद्धि की है। श्री शौरिराजन भी अच्छा लिख रहे हैं। उनके अतिरिक्त पी. ई. सुमणि तथा एस. सुब्रह्मण्यम ने भी अच्छा काम किया है। आज भी सुन्दरतम कृतियों की रचना हो रही है।

6. तेलुगू

तेलुगू साहित्य भी तमिल की ही तरह संस्कृत से स्वतन्त्र द्राविड़-वर्ग का है। वैसे कहा तो वह साहित्य भी बहुत प्राचीन जाता है परन्तु आठवीं सदी से पहले की रचनाएँ उसमें बहुत कम मिलती हैं। तेलुगू साहित्य का आदि काल 11वीं सदी के आरम्भ से शुरू होता है।

तेलुगू साहित्य का पहला कवि नन्नय 11वीं सदी के आरम्भ में हुआ, जब गोदावरी के तीर राज महेन्द्रवरम् में पूर्वी चालुक्य राजा राजराज शासन करता था। नारायण भट्ट की सहायता से उसने महाभारत का अनुवाद तेलुगू में किया। तब तक नारायण भट्ट आठ भाषाओं में अपनी कविताओं के लिए प्रसिद्ध हो चुका था। तेलुगू में भी उसने कविता की और नाम कमाया। दोनों मिलकर केवल तीन ही पर्व तेलुगू में प्रस्तुत कर सके, पर उस अनुवाद की शैली अत्यन्त सुन्दर थी।

दो सदियों बाद तिक्कण ने अपना 'निर्वचनोत्तर रामायण' लिखा। उसने महाभारत तेलुगू में पूरी कर दी। तिक्कण के अनेक समकालीनों ने काव्य रचे पर अधिकतर वे पुराणों और संस्कृत ग्रन्थों के अनुवाद ही थे। तेलुगू में चम्पू शैली की रामायण पाँच कवियों ने मिलकर प्रस्तुत की। सोमनाथ के 'वासव पुराण' और 'पण्डितराज चरित्र' शैव आन्दोलन के प्रधान ग्रन्थ हैं।

पन्द्रहवीं सदी में महाराष्ट्र, गुजरात और बंगाल में वैष्णव-भक्ति आन्दोलन ज़ोर से चल पड़ा था। तभी पोतन्न ने भागवत लिखा जिससे तेलुगू साहित्य को एक नई दिशा मिली। बालकृष्ण तेलुगू कवियों के आराध्य हुए। इन्हीं दिनों श्रीनाथ नाम का विख्यात साहित्यकार हुआ जो दरबार-दरबार पूजा गया और जिसे 'कवि सार्वभौम' की उपाधि मिली। उसने तेलुगू में अनेक अद्भुत माधुर्यपूर्ण काव्य लिखे। 'नैषध', 'काशीखण्डम्', 'भीमखण्डम्', 'हरविलासम्' और 'पल्नति वीरचरित्रम्' उसकी रचनाएँ है, जिनका साहित्य में ऊँचा स्थान है।

विजयनगर राज्यकाल में भी तेलुगू में साहित्य की उन्नति हुई। उस काल की शैली मृदुल और मधुर थी। नचन सोमनाथ ने 'उत्तर हरिवंश' लिखा और पीरविरन्न ने 'जैन-भारतम्' और 'शकुन्तला-परिणयम्' मधुर पद्य में लिखे। इस काल में विशेष महत्व प्रबन्ध काव्यों को मिला। राजा कृष्णदेवराय ने स्वयं असाधारण काव्य-शक्ति द्वारा समकालीन जीवन को अपने काव्य 'अमुक्तमल्यद' में मुखरित किया। कृष्णदेवराय के कवियों में सबसे महान् पेद्दन था। उसने अपने 'अनुचरित' में सरल मानवप्रवर और सुन्दरी कन्या वरधुनि का प्रेम-वर्णन किया है। कृष्णदेवराय के दरबार के आठ महान् कवि 'अष्ट दिग्गज' कहलाते थे। इनमें धूर्जटी ने 'कलहस्ति माहात्म्य' लिखा। मल्लन्न ने 'राजशेखर विलास', तल्लपक ने 'अष्टमहिषि कल्याण' आदि लिखे। रामकृष्ण ने 'पांडुरंग माहात्म्य' लिखा। नृसिंह और रामराज्य भूषण भी उस राजसभा के यशस्वी कवि थे। रामराज्य भूषण के रूपक 'वसुचरित्र' के बाद में अनेक अनुकरण हुए।

दक्षिण तेलुगू प्रान्त में वेंकट कवि विशेष प्रसिद्ध हुआ। उसकी 'विजय-विलासम्' और 'सरगोधाचरित्रम्' नाम की रचनाएँ अपने साहित्यिक माधुर्य के लिए काफी प्रसिद्ध हुईं। अन्य कवि साधारणतः पुरानी शैली में ही लिखते रहे और उनकी शैली संस्कृत आधारों से आगे न बढ़ी।

अठारहवीं और उन्नीसवीं सदियाँ अधिकतर ऊसर ही रहीं और देश सभी प्रकार के अकाल से परेशान रहा। बीसवीं सदी में वीरेशलिंगम् ने साहित्यक शैली को नया रूप दिया और उसे जन-बोली के निकट खींच लाया। आधुनिक तेलुगू साहित्य का वह जनक था। उसकी प्रतिभा भी बहुमुखी थी और उसने चरित, उपन्यास, काव्य, अलंकार सब कुछ लिखा।

लक्ष्मी नरसिंहम् आन्ध्र का अन्ध कवि कहलाता है। उसके उपन्यास और नाटक बड़ी सजीवता व ताज़गी लिए हुए हैं। गुरजाडा अप्पाराव ने सामाजिक नाटक 'कन्याशुल्कम्' लिखा, जो काफी विख्यात हुआ। उसके मित्र राममूर्ति पन्तुलु ने वर्तमान तेलुगू साहित्य के विकास में प्रधान

भाग लिया। नई शक्ति, नया रूप, नई आज़ादी साहित्य को मिली। श्रीनिवास रायप्रोलु ने आन्ध्र में रवीन्द्रनाथ ठाकुर की काव्य-धारा बहाई और जिस साहित्य-समिति का यहाँ श्रीगणेश हुआ, बाद के समर्थ तेलुगू साहित्यकार उसी के सदस्य थे।

इधर पीठापुरम् के रामराव बहादुर ने सुन्दर गीति-काव्य प्रस्तुत किए। प्रोद्दतुर के कवियों ने भी काव्य-क्षेत्र में सुन्दर रचनाएँ कीं। गडियाराम वेंकटेश शास्त्री का 'शिव भारत ' शिवाजी के भारत पर सुन्दर काव्य है। एक और महत्त्व का काव्य 'राणा प्रतापसिंह चरित्रम्' है, जिसका विषय उसके नाम से ही स्पष्ट है।

इधर के कथाकारों में श्री कव्यतुंगल सत्यनारायण ने अच्छी ख्याति अर्जित की। अन्य वर्तमान तेलुगू लेखकों में पी. वी. रेड्डी, रंगास्वामी गौड़ तथा एल. वेणुगोपाल के नाम उल्लेखनीय हैं।

7. कन्नड

कन्नड कर्नाटक में बोली जाती है जो दक्षिण भारत के बीच में है। कन्नड साहित्य का आरम्भ पाँचवी सदी ईस्वी के अभिलेखों से होता है, जिनपर संस्कृत का साफ प्रभाव है। 700 ई. में 'कविराज-मार्ग' लिखा गया जिसका डेढ़ सौ वर्ष बाद राष्ट्रकूट सम्राट नृपतुंग ने नया संस्कार किया। कन्नड साहित्य का यह पहला ग्रन्थ है। इस अलंकार-शास्त्र में अनेक पुराने साहित्यकारों का उल्लेख हुआ है।

600 से 1200 ई. के बीच कन्नड भाषा को संस्कृत से प्रभावित करने के प्रयत्न हुए। उस काल चम्पू शैली में यानी गद्य-पद्य मिले ऐतिहासिक काव्य लिखे गए। रामायण और महाभारत भी साहित्य में उतरे। कहा जाता है कि चम्पू शैली संस्कृत को कन्नड से ही मिली।

941 ई. में पम्प ने 'भारत' अथवा 'विक्रमार्जुनविजय' काव्य लिखा। पम्प जैन कर्नाटक का सबसे महान् साहित्यकार था। वह कन्नड का पहला कवि भी था। उसके द्वारा दिखाए मार्ग पर पीछे अनेक कवि चल पड़े। पोन्न, रन्न, नागचन्द्र आदि उसी परम्परा के कवि थे।

चवुण्डराज ने 10वीं सदी में कन्नड गद्य का पहला ग्रन्थ 'चवुण्डराज-पुराण' लिखा। कुछ ही काल बाद नागवर्मा ने अपनी 'कादम्बरी' और 'चंडोम्बुधि' लिखी।

12वीं सदी के मध्य एक नया साहित्यिक आन्दोलन चल पड़ा और कन्नड साहित्य शैली के क्षेत्र में एक क्रान्ति उठ खड़ी हुई। संस्कृत-बोझिल शैली की जगह जनपरक भाषा का उपयोग होने लगा। सरल शक्तिम कन्नड गद्य लिखा जाने लगा, जो 'वचन' साहित्य कहलाया। इस आन्दोलन का नेता वीरशैव सम्प्रदाय का प्रवर्तक बसवेश्वर था। अनेक वचनकारों ने उस काल अपने 'वचन' कहे। उनमें प्रधान बसव, अल्लम प्रभु और नारी सन्त अक्क महादेवी थे। सदी के अंत में हरिहर और राघवांक हुए। चौदहवीं सदी में विजयनगर साम्राज्य की संरक्षा में कन्नड साहित्य का शालीन युग शुरू हुआ। सभी सम्प्रदायों के कवियों ने कन्नड साहित्य का उस काल विकास किया। उस युग के कुमार व्यास और कुमार वाल्मीकि दोनों उच्चकोटि के कवि थे जिन्होंने साहित्य को भरा-पूरा। पुरन्दरदास और कनकदास ने अपनी कृतियों से कन्नड को समृद्ध किया। उनके गीत 'दासकूट' कहलाते हैं जो सभी कन्नड बोलने वालों को प्रिय हैं।

सत्रहवीं सदी में फिर एक बार प्राचीन शैली की ओर लौटने का प्रयास हुआ, पर अठारहवीं सदी में जो लोकनाटक शुरू हुए, उनसे उस आन्दोलन की गति रुक गई। उन्नीसवीं सदी के अंत में अनेक वैज्ञानिक ग्रन्थों का कन्नड़ में निर्माण हुआ और साधारण मानव के दुःख-सुख-सम्बन्धी रचनाएँ गीतों में प्रस्तुत होने लगीं। उन रचनाओं को 'त्रिपदी' कहते हैं, क्योंकि उनमें तीन पंक्तियाँ होती थीं। बीसवीं सदी के साथ कन्नड के वर्तमान युग का आरम्भ होता है। शीघ्र गुंडप्पा,

श्रीकंठैया, मास्ती, पंजे, बेन्द्रे, साली, आनंदकंद, सीतारमैया और मधुर चेन्मा जैसे कवियों ने कन्नड के साहित्य-क्षेत्र में पर्दापण किया। फिर अन्य नए कवि भी उस साहित्य में यशस्वी हुए। उनमें प्रधान पुट्टप्पा, नृसिंहाचार्य, राजरत्न, शंकर भट्ट, विनायक और रसिक रंग प्रधान थे। यह प्रारम्भिक युग विशेषकर रूमानी कविता का था। उस पर अंग्रेजी की 'रोमान्टिसिज्म' का स्पष्ट प्रभाव था।

केरूर, पंजे और मास्ती ने कथा-साहित्य का आरम्भ किया। मास्ती उस दिशा में बड़ा सफल हुआ; उसका 'सुबण्ण' चरित-चित्रण का सुन्दर नमूना है। इसके अतिरिक्त कन्नड में कई दूसरे कहानीकार भी क्षमता से लिखने लगे–जैसे, आनन्द, आनन्दकन्द, कृष्णकुमार और कृष्णराव। राजरत्न ने भी अच्छी कहानियाँ लिखी हैं।

उपन्यास और नाटक का भी समारम्भ हुआ। पहले दूसरी भाषाओं, बंगला के उपन्यास आधार बने, फिर पुट्टना ने मौलिक सामाजिक उपन्यास लिखे। कारन्त, कृष्णराव, आनन्दकन्द, पुट्टप्पा और गोकाक ने कन्नड में अच्छे उपन्यास लिखे। हुइलगोल और केरूर ने सामाजिक नाटकों का आरम्भ किया। इस दिशा में सबसे सुन्दर प्रयत्न मैसूर के कैलाशम् ने किया। परन्तु समाज की आलोचना और सुधार को ध्यानगत रख नाटक जागीरदार (श्रीरंग) ने लिखे।

कन्नड के दूसरे नाटककार कारन्त, कस्तूरी और सम्स हैं। कामत, कृष्णराव, कुलकर्णी, बेन्द्रे और श्रीरंग ने एकांकी भी लिखे। कारन्त ने तो ओपेरा और छाया-नाटक भी लिखे।

कन्नड साहित्य ने इधर काफी उन्नति की है और नए-नए प्रयोग उसमें हो रहे हैं। प्रगतिशील साहित्य भी काफी मात्रा में आया है।

वर्तमान कन्नड साहित्यकारों में दिवसपति हेगड़े, टी. जी. प्रभाशंकर तथा बालचन्द्र जयशेट्टी के नाम उल्लेखनीय हैं।

8. मलयालम

मलाबार यानी मुंबई के अरब सागर और पश्चिमी घाट की पहाड़ियों के बीच रहने वालों की बोली मलयालम है। यह मुख्यतः केरल राज्य की भाषा है। मलयालम भी द्राविड़ भाषाओं में से एक है।

मलयालम का साहित्य कन्नड की ही भाँति काफी पहले का है। 9वीं सदी में ही राजाओं के अभिलेख मलयालम में लिखे जाने लगे थे परन्तु उसके साहित्य का आरम्भ शायद 14वीं सदी के बाद ही हुआ। 14वीं सदी में संस्कृत और मलयालम छन्दों की मिली-जुली शैली मिलती है। उस काल की मलयालम की शैली को मणि-प्रवालम् कहते हैं, क्योंकि उसमें संस्कृत और मलयालम दोनों की सुन्दरता मिली-जुली है। मलयालम में 15वीं सदी की 'चन्द्रोत्सव' नामक संस्कृत छन्द में लिखी एक समूची कविता मिली है।

शुरू के काल में दूसरे दक्षिणी साहित्यों की ही भाँति मलयालम में भी संस्कृत के रामायण, महाभारत, पुराणों आदि के अनुवाद हुए और एक लम्बे जमाने तक होते रहे। उसी काल में मलयालम में चम्पू का भी उदय हुआ, जिसमें गद्य-पद्य दोनों लिखे गए। महिषमंगल चम्पू शैली का सब से बड़ा मलयाली कवि है। उसका 'नैषध' चम्पू महाभारत से लिया गया है और 'राजरत्नावलीयम्' कोचीन के राजा की प्रशस्ति में लिखा गया है। परन्तु उसका 'कोटिविरहम्' लौकिक काव्य है जिसमें विरह की कथा वर्णित है।

अट्ठारहवीं सदी में मलयालम में दो प्रकार के साहित्यों का उदय हुआ। इनमें एक 'तुल्लल' कहलाता था, जो त्यौहारों पर गाया जाता था। इस प्रकार के गीतों का प्रधान गायक कुंचन नंपयार था। इसमें मुद्राओं के साथ-साथ गीतों का गायन भी होता था। विषय इसके संस्कृत के महाकाव्यों से लिए जाते थे परन्तु मलयाली जीवन उसमें खुलकर आता था। कुंचन नंपयार चोटी का व्यंग्यकार था और उसने अपने समय के समाज पर बड़े तीखे व्यंग्य किए। मलाबार का वह सबसे लोकप्रिय कवि है।

दूसरे प्रकार का मलाबारी साहित्य 'कथकली' में विकसित हुआ। कथकली वास्तव में नाटक साहित्य है। बहुत पहले से ही चाक्यार नाम के अभिनेता संस्कृत नाटक खेलते आए थे। परन्तु उनके खेल केवल ऊँचे वर्ग के लोग ही देख पाते थे। 17वीं सदी में देहात के नाटक कथकली नाम से साहित्य में आए। इनमें केवल मुद्राओं से भाव व्यक्त किए जाते हैं और उनसे सम्बन्धित शब्द या श्लोक परदे के पीछे से गाए जाते हैं। अधिकतर कथकली संस्कृत में ही हैं।

19वीं सदी में मलयालम का केन्द्र क्रन्गनोर बना। नए लेखक वेण्मणि नाम के कवि के निकट पहुँचे और मलयाली साहित्य को उन्होंने एक नई दिशा दी। पिता-पुत्र, नडुवथ, कातोली अच्युत मेनन, कुन्टूर नारायण मेनन, ओटोविल कुन्हिकृष्ण मेनन, चम्बत्तिल चातुकुट्टी मन्नडियार और नारीकवि पोट्टेकाट, इक्काहु अम्मा उस शैली में विशेष प्रसिद्ध हुए। 19वीं सदी के पिछले काल केरल वर्मा वलियाकोपिल तम्पूरन ने मलयाली कवियों का नेतृत्व किया। उसका भतीजा राजराज वर्मा भी पण्डित और प्रसिद्ध कवि हुआ। इनके इलावा दक्षिण में त्रावणकोर राजकुल के केरल वर्मा, त्रिवेन्द्रम् के केशव पिल्ले, कोटारनिल शंकुण्णी और उल्लूर परमेश्वर ऐय्यर ने अपने काव्य द्वारा दक्षिणी मलाबार में नाम कमाया।

अब तक संस्कृत छन्द मलयालम भाषा साहित्य की विशिष्ट शैली बन चुके थे। इसी शैली में प्रतिभाशाली वेण्मणि ने अपनी मधुर कविताएँ लिखीं। उसकी कविताएँ अपने समय के व्यक्तियों और घटनाओं के सम्बन्ध में हैं। उसके सौतेले भाई कुंदकुट्टन तम्पुरन ने और अधिक लिखा, विशेषकर साधारण जनता के लिए।

इधर बीसवीं सदी के आरम्भ में साहित्य का मलयालम पर बहुत गहरा प्रभाव पड़ा और पत्र-पत्रिकाएँ छपने लगीं, निबन्ध और उपन्यास लिखे जाने लगे। चन्तु मेनन ने 'इन्दुलेखा' और 'शारदा' और अप्पनेडुन्गडी ने 'कुन्दलता' नामक उपन्यास लिखे।

ग्रन्थ के प्रधान लेखक उस काल में वेनयिल कुन्हीरामन नायर,

राज अप्पन तम्पूरन, कुन्हन मेनन, अम्बाडी नारायन पोदुवाल और अच्युत मेनन हुए।

1925 में वल्लतोल ने रवि ठाकुर की शैली में कविताएँ लिखकर मलयालम को एक नई दिशा दी। संस्कृत के छन्द छोड़कर उसने प्राचीन मलयालम के छन्द अपनाए। रूप से अधिक महत्त्व उसने काव्य के कथ्य को दिया और साहित्य को सामाजिक सुधार कर साधन बनाया। वल्लतोल इस काल का सबसे महान् मलयाली कवि है और अपनी कविताओं के सामाजिक तत्त्व को कायम रखते हुए उसने मधुरता और सुन्दरता को खूब निभाया है। वल्लतोल ने रामायण भी मलयालम में अनुवाद की है।

सामाजिक सुधार को अपने साहित्य का विषय बनाने वालों में प्रधान कुमारन् आशन था, जिसकी अकाल-मृत्यु हो गई। केशव नाथ ने उस शैली की परम्परा कायम रखी। उल्लूर परमेश्वर अय्यर पुरानी काव्यधारा का प्रधान कवि था। बाद में उसने आलोचना को अपना विषय बनाया।

बाद के मलयाली कवियों और उपन्यासकारों में पनिक्कर का स्थान भी पर्याप्त ऊँचा है। शैली और रूप का निखार पनिक्कर की रचनाओं में पर्याप्त है। उन्नीकृष्णन् नायर ने रवि ठाकुर की कविताओं का मलयालम में अनुवाद किया और स्वयं भी सुन्दर मौलिक गीत लिखे। शंकर कुरुप की कविताएँ मलयाली तरुणों को बड़ी प्रिय हैं। के. के. राजा का स्थान भी मलाबार के कवियों में अच्छा है। चेंगनपुजा कृष्ण पिल्ले बड़ा उत्साही सामाजिक सुधारवादी साहित्यकार है और केवल समकालीन समस्याओं को काव्य का सही विषय मानता है। बालामणि अम्मा मलाबार की बड़ी प्रतिभाशाली कवयित्री हैं, जिसको प्रेरणा विशेषतः वल्लतोल से मिली है।

मलयालम ने इधर के दिनों में जो इतनी उन्नति की है और संस्कृत से अपना पल्ला छुड़ा स्वतन्त्र साहित्य का रूप धारण किया है, वह अधिकतर पिछले सामाजिक आन्दोलनों का परिणाम है। जिस लगन

और प्रतिभा से मलयाली साहित्यकार मलयालम की सेवा कर रहे हैं, वह सराहनीय है।

जीवित मलयालम साहित्यकारों में कथाकार एम. मुकुंदन तथा आनंद (पी. सच्चिदानंद) आदि से अधिक अपेक्षाए हैं। अन्य मलयालम रचनाकार जो इधर सक्रिय हैं उनमें जी. गोपीनाथ, सी. कृष्ण नैय्यर तथा टी. एस. पौनामा प्रमुख हैं।

9. असमी

असम भारत का एक पूरबी राज्य है। प्राचीन काल में उसका नाम कामरूप और उसकी राजधानी का नाम प्राग्ज्योतिष था। प्राग्ज्योतिष इसलिए कि सबसे पहले प्रकाश वहीं आता था, यानी सूरज पहले वहीं निकलता था। ईसा की तेरहवीं सदी में जब अहोम जाति ने उस प्रदेश पर अधिकार कर लिया तब उसका नाम असम और उसकी भाषा का असमी पड़ा।

असमी भाषा का प्राचीनतम रूप असम के पुराने राजलेखों और सहजिया सम्प्रदाय की पुस्तक 'बौध गान ओ दोहा' में मिलता है। भाषा का यह रूप कई हज़ार साल पुराना है। साहित्य का उदय तेरहवीं सदी में हुआ जब राजा दुर्लभ नारायण के दरबारी कवि हेम सरस्वती ने तुकान्त पद्य में अपना 'प्रह्लादचरित' लिखा। प्रायः उसी काल हरिहर और कविरत्न सरस्वती हुए। दोनों कवि थे। चौदहवीं सदी के कविराज माधव कन्दली उस काल के सबसे बड़े कवि थे, जिन्होंने अत्यन्त सुन्दर असमी में समूची रामायण का अनुवाद किया। उस कवि की कृति 'देवगीत' में अवतारों की मधुर स्तुति है। असमी की पहली महान् कृति यही है।

इन राजकवियों के बाद असमी गीतकारों का रचना-काल आता

है। इन्होंने देश के लोक-गीतों का सम्बन्ध पौराणिक कथाओं से जोड़कर सुमधुर गीत लिखे। दुर्गाबर, पीताम्बर और मानकर ऐसे ही कवि है। इनमें श्रृंगार की प्रचुरता है। उस काल के ही असमी में लिखे झाड़-फूँक के गद्यात्मक सैकड़ों-हज़ारों मंत्र हैं।

असमी साहित्य का विशेष विस्तार भक्ति सम्प्रदाय के विस्तार के साथ-साथ हुआ। असम में वैष्णव धर्म 'एकशरण' धर्म कहलाया जिसमें वासुदेव-देवकीपुत्र की पूजा होती थी। इस दिशा में शंकरदेव का नाम विशेष उल्लेखनीय है। अनेक पद्य-कथाएँ लिखकर उसने असमी की भारती भरी। उसकी सुन्दतम् कृति 'कीर्तन घोषा' है, जिसमें अत्यन्त सुकुमार और मधुर भाषा में तीस गेय कविताओं में विष्णु लीलाएँ वर्णित हैं। शंकरदेव ने असमी अंकीय नाट (एकांकी नाटक) और बड़गीत (भक्ति-गान) का भी प्रारम्भ किया। इस प्रकार के नाटक असमी के अपने हैं और आज भी गाँवों में खेले जाते हैं। इनका विषय पौराणिक होता है।

असमी वैष्णव आन्दोलन का दूसरा महान् व्यक्ति उसी शंकरदेव का शिष्य माधवदेव है। उसकी प्रधान रचना अत्यन्त मधुर और गेय छंदों में लिखी 'नामघोषा' (हज़ारी-घोष) है। उसमें कृष्ण-सम्बन्धी तरल रस से सराबोर अनेक कविताएँ है। माधवदेव का यश विशेषतः बड़गीतों से फैला। उनमें कृष्ण और गोपियों की लीलाएँ अद्भुत भावराग से लिखी गई हैं।

वैष्णव आन्दोलन का सबसे प्रतिभावान रचयिता राम सरस्वती हुआ। उसने महाभारत का असमी में अत्यन्त सुन्दर अनुवाद किया। श्रीमद्भागवत, हरिवंश और दूसरे पुराणों के अनेक काव्यबद्ध असमी अनुवाद भी तभी हुए जिनसे वैष्णव-आन्दोलन और असमी भाषा को बड़ा बल मिला।

असमी गद्य का निर्माण अहोम जाति के संपर्क से हुआ। अहोम शान जाति की एक शाखा थे और तेरहवीं सदी के आरम्भ में उन्होंने ब्रह्मपुत्र की घाटी पर अधिकार कर लिया था। अहोमों ने स्थानीय असमी

भाषा सीख ली और उसी में वे अपना राज-काज करने लगे। असमी अहोमों की विशेष देन 'बुरंजी' हैं जो एक प्रकार के इतिहास हैं। इनका अर्थ है 'अजानों को सुजान बनाने का भण्डार'। शुरू की बुरंजियाँ अहोम पुरोहितों (देवधई) ने अहोमी में लिखीं, फिर राजलेखकों द्वारा वे असमी में भी लिख ली गईं। ये घटनाओं का सरस वर्णन करती हैं और असमी गद्य का प्रारम्भ करती हैं।

अठारहवीं सदी के आरम्भ में राजा रुद्रसिंह ने शाक्त साहित्य को सुरक्षा दी। उस साहित्य के प्रधान रचयिता अनन्त आचार्य, रुचिनाथ कन्दली, मधुसूदन मिश्र, रामचन्द्र बड़पात्र गोहाईं आदि थे। पर शाक्त कवियों की रचनाएँ वैष्णवों का सा रस न बरसा सकीं।

उसी काल धर्म-निरपेक्ष असमी साहित्य का निर्माण भी शुरू हुआ। रुद्रसिंह के राजकवि कविराज चक्रवर्ती ने 'गीत गोविन्द' का अनुवाद किया और शाकुन्तल-काव्य में लोक-साहित्य की कामकला और चन्द्रकेतु की ललित कथाएँ लिख डालीं।

उन्नीसवीं सदी के आरम्भ में ही बर्मियों ने असम पर अधिकार कर उसकी जनता पर भयानक अत्याचार किये, पर शीघ्र ही असम फिर अंग्रेजों के अधिकार में आया और देश की काया पलट गई। इन दोनों विदेशी शासनों का प्रभाव देश की भाषा पर भी पड़ा। अंग्रेज़ों ने शासन में बंगालियों को महत्व दिया, राजभाषा बंगला कर दी और असमी सभी प्रकार से अधोमुखी हुई। असमी स्कूलों में 1873 ई. तक असमी के लिए स्थान न था, उसकी जगह बंगला ही पढ़ाई जाती रही।

असमी का पुनरुद्धार ईसाई मिशन ने किया। बाइबिल के अनुवाद के साथ-साथ उसने 'ओरुणोदय संवाद' नामक एक मासिक पत्र भी निकाला जिसमें अंग्रेजी साहित्य से प्रभावित असमी तरुण अपनी असमी भाषा को निखारने-संवारने लगे। मिशन ने स्कूलों की पाठ्य पुस्तकें व्याकरण, विज्ञान आदि के ग्रन्थों को देश की भाषा में प्रकाशित करना शुरू किया। गद्य की एक नई अविरल धारा अब असमी में बह चली। इस नई धारा के लेखक आनन्दराम धेकियल फूकन थे, पर असमी की

गद्य-धारा के विस्तार में मिशन और उसके सेवक ब्राउन और ब्रोन्सन के नाम असमी के उन्नायक सदा आदर के साथ लेते रहेंगे।

उसी काल के हेमचन्द्र बरुआ उन थोड़े-से लोगों में हैं जिन्होंने अपने पुराणपंथी समाज के दायरे से निकलकर अंग्रेजी सीखकर पश्चिमी साहित्यों की छाया में असमी को भरा-पूरा। हेमचन्द्र ने नाटक, उपन्यास, कोष, पाठ्य ग्रन्थ सभी लिखे और अपने प्रहसनों में तो उसने समाज के ढकोसलों का खासा भंडाफोड़ किया। उसके 'कनिकार कीर्तन' में अफीमचियों का व्यंग्य है और 'बाहिरे रोंग-सोंग भितेरे कोआ-भतूरी' में धार्मिक गुरुओं के विलास-व्यसनों का भंडाफोड़ है। हेमचन्द्र के मित्र गुणाभिराम बरुआ ने सरस शैली में असमी की पहली जीवनी लिखी। सन् 1885 में उसने 'असमबन्धु' नामक एक मासिक पत्र निकाला।

पर असमी का विशेष कल्याण चार वर्ष बाद प्रकाशित होने वाली मासिक पत्रिका 'जोनकी' ने किया। इसे कलकत्ते के असमी विद्यार्थियों ने निकाला। साहित्य और समाज-सम्बन्धी विचारों को इस पत्रिका ने एक सर्वथा नया, गम्भीर, निर्भीक और क्रान्तिकारी रुख दिया। गद्य-पद्य दोनों ही इसमें प्रकाशित हुए।

असमी गद्य पर अंग्रेजी रोमैंटिक कवियों का भी खासा प्रभाव पड़ा। उसी प्रभाव की छाया में मुक्त छन्द में भोलानाथ दास ने असमी में एक समूचा महाकाव्य ही लिख डाला। वर्तमान असमी को महान् कृतियाँ लखमीनाथ बेजबरुआ (1868-1938) ने दीं। भोलानाथ कवि, नाटककार पण्डित और पत्रकार सभी कुछ थे। अपने प्रहसनों में उन्होंने असमी जीवन की मूर्खताओं का भंडाफोड़ किया। उनकी यथार्थवादी कहानियाँ 'सुरभि', 'साधुकथार कुकी' और 'जोनबीड़ी' में संग्रहीत हैं।

हेमचन्द्र गोस्वामी ने ऐतिहासिक निबन्ध लिखे और प्राचीन असमी हस्तलिपियों की खोज की। चन्द्रकुमार अगरवाल (जन्म 1867) की गेय कविताएँ मधुर और सरस हैं। साप्ताहिक 'असमिया' उन्हीं का चलाया पत्र है। पद्मनाथ गोहाईं बरुआ ने बंगला को हटाकर असमी को स्कूलों में पढ़ाने का भागीरथ प्रयत्न किया। उनकी लिखी पाठ्य पुस्तकों ने

असमी में नए प्राण फूँके।

इसी काल रजनीकान्त बरदलाई ने अपने उपन्यास लिखे। उनकी कृतियाँ अधिकतर ऐतिहासिक हैं। ब्रह्मसमाजी कमलाकांत भट्टाचार्य ने अपनी गद्य और पद्य रचनाओं में नयी सामाजिक चेतना के बीज बोये। पुरानी रूढ़ियाँ उनकी चोट से छिन्न-भिन्न हो गईं। सत्यनाथ बोरा ने 19वीं सदी के अन्त और बीसवीं सदी के आरम्भ में सुन्दर निबन्ध लिखे और हितेश्वर बड़बरुआ ने सुन्दर सानेट और दूसरी कविताएँ लिखीं।

रघुनाथ चौधरी की कविताएँ असम की प्रकृति के राग ध्वनित करती हैं और अम्बिकागिरी रायचौधरी की राजनीति के। मफीजुद्दीन अहमद ने अपने कविता-संग्रह 'ज्ञानमालिनी' में रहस्यवादी भावधारा का सृजन किया है। प्रकृति की अनुपम गायिका नलिनीबाला देवी हैं। दण्डीनाथ कलिता की कविताएँ व्यंग्यात्मक हैं और आचार-विचार की रूढ़ियों पर गहरी चोट करती हैं। जतीन्द्रनाथ दुआरा अंग्रेज़ रोमैंटिक कवियों से प्रभावित हैं। भावनात्मक निराशावाद उनकी कविताओं की आत्मा है। प्रेम और सौंदर्य उनके विशेष आराध्य हैं। असमी साहित्य ने प्रबल प्रगतिशील धारा भी अपनाई। शैलधर राजखोवा, डिम्बेश्वर नियोग, बिनंदाचंद्र बरुआ आदि की कविताओं में स्वदेश-प्रेम खुलकर बह चला है। सम्भवतः देश के किसी दूसरे राज्य ने अपने साहित्य को जनांदोलनों के इतने निकट न खींचा जितना असम ने। पिछले काल के कवियों ने अपनी काव्य-कृतियों में जनता की दुःख-दशा का खूब ही बयान किया।

स्वतंत्रता के देशव्यापी आन्दोलन ने जैसे असमी साहित्य को भरा-पूरा, वैसे ही उसके स्वांतत्र्य-प्रेम ने असमी छंद और भाषा को भी संस्कृत की दासता से छुड़ाकर जनता के निकट ला रखा। उसकी कहानियों में विह्वल जन-जीवन इठलाकर बहा और नई चेतना ने नई मंजिलें तय कीं। असमी साहित्यकारों में अतुलनन्दा गोस्वामी, निर्मलप्रभा बारदोलई एवं बी. के. भट्टाचार्य के योगदान उल्लेखनीय हैं।

10. उड़िया

बंगला का असमी और उड़िया दोनों पर गहरा प्रभाव है, पर दोनों ने उसके योग से सक्रिय होने के पश्चात् उसके बंधन से मुक्त होकर अपनी स्वतंत्र काया का सृजन किया। परन्तु निःसन्देह बंगला का उन पर प्रभाव उनके रूप आदि पर अपेक्षाकृत पीछे का ही है, कारण कि कम-से-कम उड़िया का उदय तो प्रायः छठी-सातवीं सदियों में ही हो गया था। नैपाल से मिली ताड़पत्र की हस्तलिपियों से पता चलता है कि अनेक कवियों और धर्म-गुरुओं ने तभी उड़िया में पद और दोहे लिखने शुरू कर दिये थे। इनके पद 'बौध गान ओ दोहा' में संगृहीत हैं। इनका सम्बन्ध बौद्ध तंत्रों से है।

पुरी के मन्दिर में मन्दिर का इतिहास जो ताड़पत्रों पर लिखा हुआ रखा है, उससे ग्यारहवीं-बारहवीं सदी के उड़िया गद्य का आभास मिलता है। अगली सदी का उड़िया गद्य भुवनेश्वर राजा नरसिंह देव के शिलालेख में सुरक्षित है। तेरहवीं सदी में उस गद्य के सुगठित रूप के दर्शन होते हैं। नारी-त्यौहारों की कहानियों 'ओशा' और उड़ीसा के राजकुलों के इतिहासों में भी वह गद्य सुरक्षित है। तेरहवीं-चौदहवीं सदियों की काव्य-धारा तो आधुनिक उड़िया-सी लगती है। बच्चा दास का 'कलश-चौंतीसा' चौदहवीं सदी की कृति होती हुई भी श्वास-उच्छ्वास में सर्वथा आधुनिक है। उसी सदी के सारला दास का महाभारत भी असामान्य काव्य है।

इस सारला दास और उड़िया के सबसे महान् कवि उपेन्द्र भंज (अठारहवीं सदी) के बीच का काल उस साहित्य का मध्यकाल है। इस बीच कम से कम तीस ऐसे कवि हुए जिनका उड़िया साहित्य में अपना स्थान है। इनमें जगन्नाथ दास ने अपना 'उड़िया भागवत' और बलराम दास ने अपनी रामायण लिखकर उस भाषा के साहित्य पर अमिट प्रभाव छोड़ा है।

उड़िया भाषा की एक विशेषता यह है कि भारत की अन्य भाषाओं

की भाँति उसमें बोलियाँ नहीं हैं, कई करोड़ जनता की वह अकेली भाषा है। उसमें प्रयुक्त होने वाले सैकड़ों छन्द भी उसकी अपनी विशेषता है। साधारणतः उड़िया साहित्य के इतिहास को हम इसके प्रधान कृतिकारों के नाम पर इस प्रकार पाँच काल-भागों में बाँट सकते हैं– प्राचीन काल (1000 से 1500 ई.), जगन्नाथ दास काल (1500-1700 ई.), उपेन्द्रभंज काल (1700-1850 ई.) और वर्तमान काल।

प्राचीन काल–इस काल की कुछ कृतियों का निर्देश ऊपर किया जा चुका है। 'बौध गान ओ दोहा', 'मदल पंजी', 'राजा बलभद्र की प्रणय-कहानी', मर्कन्द दास की 'केसब कोइली' आदि इसी काल की हैं। 'केशब कोइली' चौंतीस दोहों का एक गीत है जिसे प्रत्येक उड़िया विद्यार्थी आज भी कंठस्थ करता है। सारला दास और नीलाम्बर दास भी प्राचीन काल के ही हैं। नीलाम्बर दास ने महाभारत का पद्यात्मक अनुवाद किया और उड़िया पद्मपुराण रचा। महादेब दास ने अपने 'कार्तिका-माहात्म्य' में कार्तिकी पूजाओं का बखान किया।

जगन्नाथ दास काल में चैतन्य महाप्रभु उड़ीसा पधारे। उनके पुरखे उड़ीसा के ही ब्राह्मण थे। उनके द्वारा रचित भागवत आज भी प्रत्येक गाँव के भागवत-घर में रखा और पूजा जाता है। ग्वाल वंश के अच्युतानंद दास ने उसी सोलहवीं सदी के आरम्भ में हज़ारों आध्यात्मिक पद लिखे। तभी के जनार्दन दास की 'गोपी-भाषा' कृष्ण के विरह में गोपियों की स्थिति का बयान करती है। बलराम दास और हलधर दास अपने रामायण के छन्दशः अनुवादों के लिए प्रसिद्ध हैं। दीनकृष्ण दास ने भी राधा-कृष्ण सम्बन्धी अनेक पदों और 'रस कोल्लोल' की रचना की। विश्वनाथ कुन्तिया ने (17वीं सदी) 'विचित्र रामायण' रची जो उड़ीसा में बड़ी लोकप्रिय है। राजा धनंजय भंज ने 'रघुनाथ-बिलास' आदि अनेक काव्य-ग्रन्थों की रचना की। धारकोटे के जयसिंह और कृष्णसिंह ने भी अनेक प्रकार से इस काल उड़िया-साहित्य की सेवा की।

उपेन्द्रभंज काल के प्रधान कवि उपेन्द्र भंज हैं। उन्होंने कोड़ियों काव्य ग्रन्थ लिखे, जिनमें 'बैदेहिस-बिलास', 'कलकौतुक' मुख्य हैं।

इनकी कृतियों में छन्द की कलाबाजी बहुत है। उनमें अनेक प्रकार के चमत्कारों का प्रयोग हुआ है। उनके गीत 'चौपदी' कहलाते हैं। उस काल के कवियों में प्रधान उपेन्द्र के पितामह घनभंज, तेलुगू कवि गोपाल, सदानन्द कबिसूर्य, सामन्त सिंगार आदि हैं। सामन्त सिंगार की 'विदग्ध चिन्तामणि' कृष्ण-प्रणय का मनोहर काव्य है। उसी काल भक्तचरण, पीताम्बर दास, भीम धीबर (मल्लाह), बिस्वम्भर दास और बलदेव रथ कविसूर्य, केशब पट्टनायक, दाशरथी दास और जदुमणि महापात्र ने अपनी विविध काव्य-रचनाएँ कीं। रामदास, राजा पीताम्बर राजेन्द्र (18वीं सदी) और कहु दास भी उसी काल के कवि हैं। तभी राजा निशंकराय की रानी ने अपनी प्रसिद्ध प्रणय-काव्य कथा 'पद्माबती-अभिलाषा' लिखी। कृष्णचरण पटनायक और गोपाल कृष्ण पटनायक की कविताएँ और पद्य-रचनाएँ उस काल विशेष समादृत हुईं। उन्नीसवीं सदी के अन्त और बीसवीं के आरम्भ में गंजाम के भुवनेश्वर कबिचन्द्र ने अपने 'सीतेश बिलास' और 'बासुदेब बिलास' लिखे। अरखित दास के 'शरीर भेद' और पिण्डिक के 'बसन्त-रास' ने भी बड़ी ख्याति पाई। ब्रजरत्न बदजेन बसन्त ने प्रायः पहली बार उस साहित्य में अपने धेनकानल के राजा और मरहठों के बीच युद्ध का 'समर तरंग' में वर्णन कर यथार्थवादी काव्य-धारा का श्रीगणेश किया।

राधानाथ-काल उड़ीसा पर अंग्रेजों के अधिकार से प्रारम्भ होता है। उड़िया में भी असमी की तरह ईसाई मिशनों की सहायता से गद्य को पर्याप्त बल मिला। 'उत्कल दीपिका' नामक साप्ताहिक पत्र का तभी प्रकाशन आरम्भ हुआ और आधुनिक उड़िया साहित्य ने अपनी नई मंजिलें तय करनी शुरू कीं। इस पत्र के जरिये इसके सम्पादक रायबहादुर गौरीशंकर राय उड़िया साहित्य और संस्कृति के लिए वर्षों तक लड़ते रहे।

इसी काल राधानाथ ने मुक्त छन्द में अपना काव्य 'महाराजा' लिखा। फकीर मोहन सेनापति ने अनेक रूप से गद्य और पद्य का साहित्य भरा। उन्होंने अनेक उपन्यास भी लिखे। उस काल के सैकड़ों साहित्यकारों

के बीच गोविन्द सूरदेव का नाम उल्लेखनीय है। वे काव्यकार और गीतकार दोनों थे। उनके अनेक गीत उड़िया में अत्यन्त लोकप्रिय हुए हैं।

आधुनिक उड़िया साहित्य भी अन्य भारतीय साहित्यों की ही भाँति पश्चिम के सम्पर्क से भरा-पूरा है। उसमें भी उपन्यास, नाटक, काव्य, कहानी आदि का सृजन अबाध गति से हो रहा है। आजादी के आंदोलन में उसके कवियों ने भी अपने गीतों से स्वर भरे। वर्तमान युग की सामाजिक प्रेरणाएँ उड़िया साहित्यकारों का भी दिशा-संकेत कर रही हैं।

उड़िया साहित्यकारों ने हिन्दी और बंगला की प्रगतिशील घारा का अनुसरण कर साहित्य-सृजन किया जिसमें उड़िया की राजनीतिक-सामाजिक समस्याओं तथा आम जनता की पीड़ा ने सशक्त अभिव्यक्ति पाई।

11. उर्दू

उर्दू भारत और पाकिस्तान की भाषा है। भारत की तो वह बोली जाने वाली ज़बान भी है और पाकिस्तान की वह राष्ट्रभाषा है। पाकिस्तान में यद्यपि वह बोली कहीं नहीं जाती है पर समझी हर जगह जाती है। भारत और पाकिस्तान को छोड़ कहीं और वह बोली-समझी भी नहीं जाती। हिन्दू-मुसलमान दोनों कौमों ने उर्दू को समान निष्ठा से बनाया-सजाया है। दोनों ने उस ज़बान में अपनी उत्तम रचना की है। जैसे पठान शिल्प-कला और मुगल कलम हिन्दू-मुसलमानों की सम्मिलित साधना के परिणाम हैं, वैसे ही उर्दू भी दोनों के सम्मिलित प्रयास का प्रतिफल है।

उर्दू, हिन्दी खड़ी बोली की ही शैली है, पर वह शैली केवल साहित्य की ही नहीं, सांस्कृतिक परम्परा की भी है। जिन भाषाओं की क्रियाएँ

एक होती हैं वे वस्तुतः एक ही भाषा की शाखाएँ या शैलियाँ होती हैं। इससे हिन्दी और उर्दू, दोनों भाषा की दृष्टि से एक ही हैं, दोनों में अन्तर मात्र लिखावट की दृष्टि से है। हिन्दी देवनागरी लिपि में बायें से दाहिने को लिखी जाती है, उर्दू अरबी-फारसी लिपि में दाहिने से बाएँ को। उर्दू शब्द का अर्थ है 'शिविर' या सेना का पड़ाव। यह शब्द तुर्की का है।

अमीर खुसरू फारसी का पहला महान् लेखक था जिसने हिन्दुस्तानी (हिन्दी या उर्दू) में लिखा। उसकी उस छन्द-शैली को 'रेखता' कहते हैं। इसी से उर्दू को साधारणतः रेखता कहने लगे। उर्दू साहित्यिक शैली विशेषता दकन में बनी, जहाँ मुसलमान सन्त उसी ज़बान में उपदेश देने लगे थे। उस ज़बान में लिखे दकनी सय्यद मुहम्मद बन्दानवाज़ गीसूदराज (पन्द्रहवीं सदी के आरम्भ में) की करीब सौ रचनाओं का हवाला मिलता है। इसी प्रकार अनेक दूसरे सूफी सन्तों ने दकन, मालवा, गुजरात–हिन्दुस्तान में सर्वत्र उर्दू में अपनी रचनाएँ कीं।

गोलकुंडा के कुतुबशाही राजकुल की संरक्षा में उर्दू खूब फली-फूली। मुहम्मद कुली कुतुबशाह ने हैदराबाद को बसाया और हैदराबाद तब से उर्दू का दकनी मरकज़ बन गया। शाह ने स्वयं उर्दू में अपना विशाल 'कुल्लियात' लिखा जो रोज़मर्रा के आम जीवन का चित्र उपस्थित करता है। उसके अगले दोनों उत्तराधिकारियों ने भी उर्दू में ही अपनी रचनाएँ कीं।

इस काल के अन्य प्रसिद्ध कवियों में प्रधान मुल्ला वजही था। वह सुल्तान कुली कुतुबशाह का राजकवि था। उसका प्रसिद्ध मथनवी कुतुब मुश्तरी शाहज़ादे के प्रणय-कृत्यों का बयान करता है। उसका 'सब रस' सूफ़ी कलामों की सुन्दर गद्य रचना है। उसी काल अब्दुल्ला 'कुतुबशाह' का दरबारी कवि गव्वासी हुआ। उसने अनेक अरबी-फ़ारसी कहानियों को मधुर उर्दू में लिखा। सत्रहवीं सदी के बीच बड़ी सादी और सुथरी शैली में इब्न-ए-निशाती ने अपना मथनवी 'फूलबान' लिखा।

इसी प्रकार बीजापुर के आदिलशाही सुल्तानों ने भी अपने दरबार में अनेक शायरों को अपनी संरक्षा दी। इब्राहिम आदिलशाह स्वयं

असाधारण कवि था और भारतीय संगीत का पारदर्शी होने से 'जगद्गुरु' भी कहलाता था। वहीं तालीकोटा की प्रसिद्ध लड़ाई का बयान 'फ़तहनाम-ए-निज़ामशाह' हसन शौक ने लिखा। रुस्तमी ने वहाँ उर्दू का पहला वीरकाव्य 'ख़वरनामा' लिखा। आदिलशाही सल्तनत का सबसे महान शायर नुसरती हुआ जिसने मधु-मालती की प्रणय-कथा अपने 'गुल्शने-इश्क़' में लिखी। उसका 'गुल्दस्त-ए-इश्क' उसकी फुटकर गेय कविताओं का संग्रह है।

दकन का सबसे महत्त्वपूर्ण कवि शम्सुद्दीन वलीउल्लाह वली (मृत्यु 1741 ई.) था। उसका पद्य तीन प्रकार से सम्पन्न हुआ–शुद्ध दकनी, उर्दू दकनी में और शुद्ध उर्दू में। उसके शागिर्दों से सारा दकन एक बार भर गया था।

वली के दिल्ली आने पर उत्तर भारत में उर्दू का मरकज़ दकन से उत्तर जा पहुँचा। अनेक दकनी शायर–फ़िरक़ी, फ़करी, आज़ाद–वली के बाद दिल्ली पहुँचे। सादी ज़बान में सूफ़ी विचार प्रकट किये जाने लगे। हातिम इसी परम्परा का शायर था। मिर्ज़ा जानेजानान 'मज़हर' भी बड़ा सोफियाना शायर था, ज़बान बड़ी फसीह लिखता था। उसे उर्दू का चौथा पाया कहा गया है। बाकी तीन पाये मीर, सौदा और दर्द थे।

उस काल (अठारहवीं सदी) का सबसे महान् उर्दू कवि मीर तक़ी मीर था, आगरे का रहने वाला। उसके बराबर ग़जल कहने वाला उर्दू भाषा में नहीं हुआ। मीर ने चालीस हज़ार से ऊपर लाइनें लिखी हैं। उसके संग्रह 'शोल-ए-इश्क' और 'दरिया-ए-इश्क़' दर्द और इश्क़ का लासानी इज़हार करते हैं।

मुहम्मद रफ़ी सौदा (1713-80) ने नज्म में पहले-पहल ओजस्वी व्यंग्य लिखे। सौदा और ज़ौक उर्दू के सबसे बड़े कसीदा लिखने वाले हैं। उनकी रचनाओं में क़सीदे, व्यंग्य, ग़जलें, मरसिये सभी हैं, कुल करीब 10,000 लाइनों से ऊपर। मीर दर्द सूफ़ी था, इसी से उसने अधिकतर मज़हबी नज़्में ही लिखी हैं। बचपन से ही उसने धार्मिक कविताओं का दामन पकड़ा और एक से एक सुन्दर कविताएँ लिखता

चला गया।

मीर हसन मथनवी लिखने में अत्यन्त कुशल था। उसका मथनवी 'सिहसल बयान' पर्याप्त विख्यात हुआ। उर्दू नज़्म का यह सबसे सुन्दर फ़साना है। इसमें शाहज़ादा बेनज़ीर और बद्रे मुनीर की प्रणय-कथा कही गई है। इसकी ज़बान बड़ी सादी है।

गुलाम हमदानी मुसहफ़ी (1750-1824) 'लिरिक' लिखने में सिद्धहस्त था। उसकी रचनाओं की आठ जिल्दें हैं। उसने तीन सौ उर्दू शायरों का फ़ारसी में संग्रह तैयार किया।

इंशाअल्ला खां 'इंशा' अपने हास्य और व्यंग्य के लिये प्रसिद्ध हो गये हैं। वली मुहम्मद नज़ीर (1740-1830) उर्दू के सुन्दरतम शायरों में गिना जाता है। उसकी कविताएँ बचपन, गिलहरी, कौए और हिरन-सम्बन्धी और पतंग तथा बुलबलों की लड़ाई-सम्बन्धी बड़ी मार्मिक हैं। उसकी ज़बान की सादगी उर्दू साहित्य के किसी शायर में नहीं है।

उस काल के अन्य शायरों में प्रधान हैदरअली आतिश, इमामबख़्श नासिख़, अनीस और सलामत अली दबीर हैं। आतिश प्रकृति का गायक था, नासिख़ लफ्जों का जादूगर था। आतिश उर्दू भाषा के सुन्दरतम लेखकों में गिना जाता है। उसने दो दीवान छोड़े हैं जिनमें 40,000 से ऊपर पंक्तियाँ हैं। नासिख़ की नज़्मों की तीन जिल्दों में 'दफ्तर-ए-परेशाँ' मधुरतम है।

उर्दू का वर्तमान युग सन् 1857 के गदर से शुरू होता है। अब तक फ़ारसी का बोलबाला रहा था, उर्दू उसकी चेरी मात्र थी, पर अब वह अपनी ज़मीन पर खड़ी हुई। हिन्दुस्तान की ज़बानों में उर्दू अब हिन्दी के साथ प्रधान ज़बान बनी। अनीस और दबीर की रचनाओं ने ज़ौक़, अमीर, दाग़, हाली, सर सैयद, ग़ालिब और इक़बाल के लिए राह बना दी थी। ग़ालिब और इक़बाल इन सबमें महान थे। अनीस और दबीर ने ही अधिकतर आधुनिक उर्दू नज़्म को लोकप्रिय बनाया।

मुहम्मद इब्राहीम 'ज़ौक़' लखनऊ के बाद के दिल्ली मरक़ज के शायरों में प्रथम महत्वपूर्ण शायर था। उसकी अधिकतर रचनाएँ ग़दर

में नष्ट हो गईं। फिर भी आज़ाद आदि उसके शागिर्दों की खोज से कोई 10,000 पंक्तियाँ मिल गईं। ज़ौक़ ने क़सीदाकारी को आख़िरी मंजिल पर पहुँचा दिया।

उर्दू कवियों में सबसे महान् असदुल्ला खाँ 'ग़ालिब' (1797-1860) था। वैसे अधिकतर उसने लिखा फ़ारसी में, पर जो कुछ वह उर्दू में छोड़ गया है, वह लामिसाल है। उसके गद्य और पद्य दोनों ही मिलते हैं। दीवान के अतिरिक्त उसके ख़तों की भी दो जिल्दें हैं–'उर्दू-ए-मुअल्ला' और 'ऊर्दू-ए-हिन्दी'।

मुहम्मद मोमिन ख़ाँ 'मोमिन' (1800-1851) ने ज्योतिष और हिकमत पर पुस्तकें लिखी हैं पर शायर भी वे काफ़ी ऊँचे तबके के थे। उन्होंने ग़ज़ल और क़सीदे लिखे। उनका एक मथनवी भी है, 'मथनवी-ए-जिहादिया'।

अमीर अहमद मीनाई और नवाब मिर्ज़ा खाँ 'दाग' रामपुर के दरबार के शायर थे। अमीर आलिम थे, और दाग़ शायर। अमीर की महारत क़सीदाकारी में थी, दाग़ की 'लिरिक' में। अमीर के दीवानों के नाम थे–'मीरातुल ग़ैबा' और 'सनमख़ान-ए-इश्क़'। दाग़ के दीवानों के नाम हैं–'गुल्ज़ार-ए-दाग़', 'आफ्ताब-ए दाग़', 'फ़र्याद-ए दाग़', 'मेहताब-ए-दाग़' और 'यादगार-ए-दाग़'।

उर्दू के अलीगढ़ी आन्दोलन का केन्द्र सर सैयद अहमद खाँ का मुस्लिम कालेज था, जो बाद में मुस्लिम यूनिवर्सिटी बना। उस आन्दोलन के परिणामस्वरूप ऊँचे तबके के शायर और लेखक हुए। सर सैयद अहमद, नवाब महसिनुल्मुल्क, मौलवी चिराग़ अली, मुहम्मद हुसेन आज़ाद, अल्ताफ़ हुसेन हाली, मौलवी नजीर अहमद, वकाउल्लाह, हसरत मोहानी और शिबली नूमानी उन्हीं में थे। हाली के 'मुसद्दस' और 'शेर-ओ-शायरी' प्रसिद्ध हो चुके हैं।

बाद के उर्दू के शायरों में सबसे महान् सर मुहम्मद इक़बाल हो गए हैं। उनकी अधिकतर शायरी दर्शन से सम्बन्ध रखती है–'बांग-ए-दरा', 'बालि ज़िब्रील', 'जावीदनामा', रमूज़-ए-खुदी', 'दर्बे-कलीम', 'ज़बूर-ए-

अज़्म' उनकी अमर कृतियाँ हैं। हाल के जीवित उर्दू शायरों में प्रधान मजाज़, सागर, फ़ैज़, जोश मलीहाबादी, रघुपति सहाय फ़िराक़, वामिक़, सरदार जाफ़री आदि हैं।

उर्दू के कहानीकारों में सबसे महान् प्रेमचन्द थे जो हिन्दी के भी सर्वोत्तम उपन्यासकार-कहानीकार थे। मंटो का स्थान उर्दू के कहानीकारों में अप्रतिम हैं। राजेन्द्रसिंह बेदी, कृशनचन्दर, चग़ताई आदि भी उर्दू के उत्कृष्ट कहानीकार हुए।

जैसा आरम्भ में कहा गया, हिन्दी और उर्दू में परम्परा के अतिरिक्त बस लिखावट का फ़र्क है। उर्दू शायरों की कृतियों को देवनागरी लिपि में प्रकाशित किया जाने लगा है। एक लिपि हो जाने पर हिन्दी और उर्दू सर्वथा समान हो जाएँगी।

वर्तमान उर्दू साहित्यकारों में शफीक फरहद, खुर्शीद आलम एवं मुहम्मद युनुस के नाम प्रसिद्ध हैं।

12. पंजाबी

पंजाबी प्रायः डेढ़ करोड़ जनता की ज़बान है। यह जनता अब हिन्दुस्तान और पाकिस्तान में बँट गई है, पर है यह अब भी पाकिस्तान की जनता की भाषा। यद्यपि पाकिस्तान की राष्ट्रीय भाषा उर्दू बना दी गई है पर जनता की बोलचाल की भाषा वहाँ बहुत हद तक पंजाबी ही है। पंजाबी को हिन्दू, मुसलमान, सिक्ख सभी ने बढ़ाया है। सिक्खों के तो धार्मिक ग्रन्थ 'गुरुग्रन्थ साहब' के अनेक अंश उसमें और पंजाबी लिपि गुरमुखी में लिखे हैं। पंजाबी की उत्तरी, मध्यवर्ती और पश्चिमी शाखाओं ने साहित्यिक शैलियाँ विकसित कीं।

पंजाबी साहित्य बहुत समृद्ध नहीं, यद्यपि उसमें दूसरी प्रादेशिक

भाषाओं की तरह ही लोक-कथाओं और लोक-गीतों की कमी नहीं है। उस भाषा को विशेष मर्यादा सिक्खों ने उसे अपनी धार्मिक ज़बान बना कर दी। एक काल तक सिक्ख उन्नीसवीं सदी के बीच पंजाब की राजनीति पर हावी रहे, तब उन्होंने अपनी राजकीय भाषा भी पंजाबी को ही बनाया। बाद में भी सिक्ख रियासतों ने उसे विशेष आदर दिया। 1970 के दशक में भारतीय पंजाब को बाँटकर पंजाबी भाषाभाषियों के लिए एक पृथक् पंजाबी सूबा बना देने का आन्दोलन चला। उसे कुचलने का प्रयास व्यर्थ हुआ और अन्ततः पंजाब और हरियाणा नाम के दो राज्य बन गए। हरियाणा हिन्दी भाषाभाषी है और यहाँ के लेखक हिन्दी और हरियाणवी दोनों के विकास में लगे हैं।

पंजाबी साहित्य का जन्म और विकास सिक्खों की ही सक्रिय साधना से हुआ। पन्द्रहवीं-सोलहवीं सदी में गुरु नानक हुए, जिन्होंने सिक्ख-सम्प्रदाय की स्थापना की। अपनी शिक्षा का माध्यम उन्होंने पंजाबी को ही बनाया। सिक्खों का धर्म अभिजात नहीं, जनता का धर्म था और उसके प्रचार के लिए जनता की ज़बान की ही आवश्यकता थी। उसी ज़बान का पंजाबी के गुरु नानक ने जनता तक अपनी आवाज़ पहुँचाने के लिए प्रयोग किया। 'आदिग्रन्थ' पंजाबी का पहला महान् ग्रन्थ है, पर उसकी भाषा इतनी हिन्दी-बोझिल है कि वह हिन्दी की ही एक शैली-सी लगती है। इसका विशेष कारण था। गुरु नानक सन्तों की परम्परा में हुए थे। निर्गुण सन्तों का उन पर बड़ा प्रभाव था, इससे यह असम्भव था कि उन पर सन्तों की वाणी का असर न पड़ता।

'आदिग्रन्थ' में 3,384 पद हैं और इनको 31 रागों में बाँट दिया गया है। भगवान् की भक्ति और गुरु में अचल विश्वास ही इन पदों की टेक है। अनेक बार इनके चित्रण अलंकारों और उपमाओं के योग से अत्यन्त आकर्षक बन गए हैं। 'आदिग्रन्थ' का संग्रह सिक्खों के पाँचवे गुरु अर्जुन (1563-1606) ने प्रस्तुत किया था। उसमें गुरु नानक, उनके बाद के गुरुओं–स्वयं अर्जुन और अन्य सन्तों की वाणियाँ और पद एकत्र कर लिए गए।

'दशम-ग्रन्थ' में सिक्खों के अन्तिम गुरु गोविन्दसिंह (1666-1708) और उनके दरबार के कवियों के पद संगृहीत हैं। यह संग्रह 1721-37 के बीच मनीसिंह ने तैयार किया। 'दशम-ग्रन्थ' की भाषा और छन्द हिन्दी हैं। एकमात्र चंडी-सम्बन्धी पद 'चण्डी दी वार' पंजाबी में हैं। इस ग्रन्थ में अधिकतर हिन्दू पुराणों और परम्परा की कथाएँ दी हुई हैं। 'चंडी दी वार' पंजाबी की एक प्रसिद्ध कृति है जिसमें काव्यात्मक रूप में दुर्गा की शक्ति और युद्ध-कला का वर्णन है। बिम्बों और उपमाओं की छटा उसमें देखने योग्य है।

'प्राण-संगली' में योग-सम्बन्धी कथोपकथन है जो साधारणतः गुरु नानक की रची मानी जाती है। इसी प्रकार गुरु गोविंदसिंह का लिखा भगवद्गीता का एक छंदशः अनुवाद भी 'गोविंद-गीता' के नाम से प्रसिद्ध है। 'प्रेम-अबोध' में अनेक रूपकों और कथाओं द्वारा दोहों में प्रेम का सिद्धान्त बखाना गया है। यह सब 'आदिग्रन्थ' के ही अंग हैं, जिनमें जैदेव, नामदेव, रविदास, कबीर और फ़रीद आदि के पद हैं।

गुरदास के लिखे कुछ 'वार' हैं, लम्बी कविताएं, जिनमें सिक्ख-धर्म के उपदेश उदाहरणों-उपमाओं सहित निरूपित हैं। 'जनम-साखी' भी धार्मिक साहित्य के ही अंग हैं। उनका सम्बन्ध गुरु नानक के जीवनचरित से है। बाला, सेवासिंह, मनीसिंह तीनों ने जनम-साखियाँ लिखीं। जनम-साखियाँ गद्य में लिखी हैं और पंजाबी गद्य के प्रारम्भिक नमूने प्रस्तुत करती हैं।

पंजाबी साहित्य के प्रधान निर्माता शुरू में मुसलमान थे। सिक्खों की भांति उन्होंने पंजाबी में ही अपने धर्मग्रन्थ लिख डाले। उन्हीं के जरिए उन्होंने मुसलमानों में प्रचार-कार्य किया। अब्द, अब्दी या आशी नाम से लिखने वाले अब्दुल्लाह ने सत्रहवीं सदी के मध्य धार्मिक विश्वासों और कर्तव्यों पर अपना 'बारा-अन्वा' लिखा। उन्नीसवीं सदी में प्रायः 8000 शेरों में 'अन्वा-बारकुल्ला' लिखा गया। बीसवीं सदी के शुरू में गुलाम हुसेन ने मुसलमानों की दयनीय हालत पर अपने 'नूरे-हिदायत' में विचार किया। पंजाबी में लिखे अनेक 'मेराज़नामा' (मुहम्मद साहब

का स्वर्ग जाना) भी मिलते हैं। इसी प्रकार धार्मिक युद्धों का वर्णन करनेवाले अनेक जंगनामे भी हैं। हामिद का अठारहवीं सदी में लिखा 'जंगनामा' विशेष लोकप्रिय है। उसमें 5620 पंक्तियाँ हैं और उसका स्त्रियों का विलाप वाला प्रसंग अत्यन्त करुण है।

यूसुफ और जुलेखा की कहानी भी पंजाबी का लोकप्रिय प्रसंग रही है। अब्दुल हकीम बहावलपुरी, गुलाम रसूल और हबीब अली ने अपने-अपने तरीके से यह कहानी रची है। हबीब अली की कहानी में तो 36,000 पंक्तियाँ हैं। सूफी कविताएँ भी पंजाबी में खासी हुईं। फरीद की कविताएँ तो 'आदिग्रन्थ' में भी संगृहीत हैं, प्रसिद्ध सूफी कवि बुल्हेशाह के 'काफी' भी बहुत प्रसिद्ध हैं। अली हैदर ने भी सूफी मत की अनेक 'सीहर्फी' लिखीं।

'लव कुश दियां पौड़ियाँ' पुरानी पंजाबी की इनी-गिनी रचनाओं में है। उसमें पिता श्रीराम के साथ लव-कुश की लड़ाई का वर्णन है। सत्रहवीं सदी के बीच जसोदानन्दन ने उसे लिखा। उसके अतिरिक्त रामायण, महाभारत, श्रीमद्भागवत और भगवद्गीता अनेक प्रकार से पंजाबी में अनूदित हुए।

हीर-रांझा के गीत सारे पंजाब में गाए जाते हैं। हीर झंग के मुखिया की बेटी थी और रांझा दूसरे गाँव के मुखिया का बेटा। दोनों में प्रेम हो गया पर हीर की शादी उसके पिता ने किसी और से कर दी। रांझा फकीर हो गया। कहानी की लोकप्रियता ने उसे अनेक रूप दे दिए हैं। एक के अनुसार हीर अपने निषिद्ध प्रेम के कारण मार डाली गई। दूसरे के अनुसार दोनों प्रेमी निकल भागे और जीवन-भर सुख से रहे। अकबर के ज़माने से ही लगातार लम्बी-लम्बी कविताएँ इस प्रसंग में लिखी जाती रही हैं। दामोदर, मुकबिल, वारिस शाह सभी ने उसे अपनी-अपनी प्रतिभा से लिखा। वारिस शाह पंजाबी का सबसे बड़ा कवि है। उसकी शैली बड़ी तीखी है और उसके वर्णन में पंजाबी जीवन उछल पड़ता है। साहबां और मिर्जा और सोहनी और महीवाल दोनों की कथाएँ अत्यन्त करुण हैं। दोनों बड़ी लोकप्रिय हैं, जिससे उनके

अनेक रूप बन गए हैं। अनेक गीत इन कथाओं पर बने हैं और बड़े शौक से पंजाबी में गाए जाते हैं। लम्बे वारों में अनेक अन्य ऐतिहासिक और दूसरी कथाएँ भी कही गई हैं। निजाबत, अग्रासेथी, अड्डूरराय, हिदायत उल्लाह, ईशरदास, किशन सिंह आरिफ, मोहम्मद बूता आदि इस क्षेत्र के जाने हुए साहित्यकार हैं।

पंजाबी का आधुनिक काल बीसवीं सदी में आरम्भ होता है। इस काल की काव्य-धारा का आरम्भ वीर सिंह ने 'राना सूरतसिंह' काव्य लिखकर किया। पर शीघ्र वीर सिंह के अध्यात्म को पीछे कर पूरन सिंह ने मानवीय पार्थिव विषयों को अपनाया। 1923 और 1925 में उसकी कविताओं के संग्रह 'खुले छन्द' और 'खुले मैदान' नाम से प्रकाशित हुए। इनसे दो-तीन साल पहले किरपासागर का ऐतिहासिक काव्य 'लक्ष्मीदेवी' प्रकाशित हुआ। धनीराम ने अपनी कविताओं, 'हिमाला', 'गंगा', और 'रात' में कल्पना के क्षेत्र में ऊँची उड़ान ली, और अपने 'कोरा कादिर' में भगवान् को भिन्न-भिन्न मजहब बनाने के लिए धिक्कारा।

पंजाबी में नाटक हिन्दी-अंग्रेजी अनुवादों से शुरू हुए। नन्दा ने अपनी 'सुभद्रा' में पुरानी रूढ़ियों की अच्छी खिल्ली उड़ाई। 'पूरब ते पच्छम' में इसी प्रकार गुरबख्श सिंह ने यूरोपीय संस्कृति का मज़ाक उड़ाया। नाटकों के अतिरिक्त कुछ एकांकी भी पंजाबी में लिखे गए पर वे विशेष सफल नहीं हुए।

उपन्यासकारों में अग्रणी नानक सिंह हुए, जिन्होंने 'चिट्टा लहू' और 'गरीब दी दुनिया' लिखकर गरीब-अमीर और पूँजी और मज़दूरी के अन्तर व्यक्त किए। इसी उपन्यासकार ने कहानियाँ भी लिखीं। करीब सौ कहानियाँ नानक सिंह की आज उपलब्ध हैं। करतार सिंह की कहानियों में मनोविज्ञान की झलक खासी होती है। गुरबख्श सिंह की शैली बड़ी मंजी हुई और सुधारवादी है।

पूरण सिंह और गुरबख्श सिंह ने निबन्ध भी सुन्दर लिखे, पर इस क्षेत्र में तेजासिंह ने अपनी शैली से अधिक ख्याति अर्जित की।

वर्तमान युग के कवियों में प्रधान किरपा सागर, प्रीतमसिंह सफीर, अवतारसिंह आज़ाद, दीवानसिंह कालापानी, चननसिंह जत्थूवालिया, देवेन्द्र सत्यार्थी, बावा बलवन्त, डा. गोपालसिंह, हरिंदरसिंह रूप, ईश्वरसिंह, सुरिन्दरसिंह कोहली, सन्तोषसिंह धीर, प्यारासिंह सेहराई, तेजासिंह साबर और अहमद राही हैं। कवयित्रियों में प्रमुख अमृता प्रीतम और प्रभजोत कौर हैं। अमृता प्रीतम ने पंजाबी में अत्यन्त सुन्दर गीत और कविताएँ लिखी हैं। उनका 'अज आखां वारिसशाह नूं' का तो पंजाबी कविता क्षेत्र में साका चल गया। अमृता प्रीतम ने कहानियाँ और उपन्यास भी लिखे हैं। उनकी आत्मकथा 'रसीदी टिकट' बहुत लोकप्रिय हुई।

पंजाबी उपन्यास और कहानियों में पहला विशिष्ट कदम नानकसिंह ने उठाया। गुरबख्शसिंह तो बहुमुखी प्रतिभा के साहित्यकार थे ही, इस क्षेत्र में भी उनका बोल-बाला रहा। पंजाबी के प्रधान उपन्यासकार नवतेजसिंह, कुलवन्तसिंह विर्क, सुरिन्दरसिंह, सज्जाद हैदर, सन्तसिंह सेखों, करतारसिंह दुग्गल और अमृता प्रीतम हैं। करतार सिंह दुग्गल तो हिन्दी के भी जाने हुए कहानीकार हैं। जसवंतसिंह कंवल, नरिंदरपालसिंह और सुरिन्दरसिंह कोहली ने भी इस क्षेत्र में सफल प्रयत्न किए हैं।

पंजाबी नाटक-क्षेत्र को सन्तसिंह सेखों, गुरबख्ससिंह, अमरीकसिंह, रोशनलाल अहूजा और बलवन्त गार्गी ने भरा-पूरा है। वैसे उस दिशा में फिरोज़दीन शर्फ, बावा बुधसिंह, बृजलाल शास्त्री, हरचरनसिंह, बावा बोहरसिंह और गुरुदयालसिंह खोसला के प्रयास भी सराहनीय हैं।

पंजाबी में दूसरे विषयों पर लिखनेवाले प्रधानतः निम्नलिखित हैं–प्रिंसपल तेजासिंह, प्रो. गंडासिंह, कपूरसिंह, खुशवन्तसिंह, बावा बुधसिंह, प्रेमसिंह होती, डा. मोहनसिंह, डा. बनारसीदास, लालसिंह, प्रो. अमरसिंह, प्रिंसपल जोधसिंह, प्रो. गंगासिंह और प्रो. साहिबसिंह। इन कृतिकारों ने विशेषतः इतिहास, सामाजिक और धार्मिक विषयों पर लिखा है।

उर्दू और हिन्दी का प्राधान्य होने से पंजाबी के लेखक धीरे-धीरे उर्दू के साहित्यकार हो गए। मंटो, राजेन्द्रसिंह बेदी, बलवन्तसिंह ने

अधिकतर उर्दू में ही लिखा। हिन्दी को भी पंजाबी लेखकों का योग मिला। हिन्दी के अनेक प्रसिद्ध लेखक पंजाबी हुए। सच्चिदानन्द हीरानन्द वात्स्यायन 'अज्ञेय', यशपाल, उपेन्द्रनाथ अश्क, गुरुदत्त आदि पंजाबी ही थे। इधर रामस्वरूप अणखी पंजाबी कहानी और उपन्यास के क्षेत्र में अच्छा काम कर रहे हैं।

13. संस्कृत

संस्कृत साहित्य को साधारण तौर पर दो बड़े भागों–धार्मिक और लौकिक–में बाँटा जा सकता है। धार्मिक साहित्य में वेद, ब्राह्मण, आरण्यक, उपनिषद्, भगवद्गीता, ब्रह्मसूत्र, धर्म-शास्त्र, दर्शन और पुराण आते हैं, लौकिक में काव्य, नाटक आदि। संस्कृत साहित्य का काल-प्रसार प्रायः तीन हजार साल रहा है और आज यद्यपि हम उसे बोलते-लिखते नहीं, देश का अधिकतर धार्मिक जीवन उससे बँधा हुआ है। हिन्दुओं के धर्म-कार्य आज भी उसी भाषा में होते हैं, विवाह, श्राद्ध आदि सभी संस्कार। संस्कृत भाषा को इसी धर्म की भाषा होने के कारण कहते भी देव-वाणी या देव-भाषा ही हैं।

1.

धार्मिक साहित्य में प्रधान वेद हैं। 'वेद' शब्द का मतलब है, ज्ञान, पवित्र ज्ञान। वेद चार हैं–ऋग्वेद, यजुर्वेद, सामवेद और अथर्ववेद। ये चारों संहिताएँ कहलाते हैं क्योंकि ये पहले के बनाए मन्त्रों के संग्रह हैं। इन चारों में सबसे अधिक महत्व ऋग्वेद का है। सामवेद में 75 सूक्त छोड़कर बाकी सभी ऋग्वेद से लिए गए हैं, यजुर्वेद का प्रायः सारा मन्त्र-भाग उसी का है और अथर्ववेद में भी ऋग्वेद के अनेक मन्त्र हैं।

ऋग्वेद दस मण्डलों और 1028 सूक्तों और 10,600 मन्त्रों में बँटा है। सूक्त मन्त्रों के समूह को कहते हैं। ऋग्वेद के ही अधिकतर मन्त्र यज्ञ में काम आने वाले यजुर्वेद में इकट्ठे कर लिए गए हैं और जो यज्ञ में गाए जाते थे, उन्हें सामवेद में एकत्र कर लिया गया है। ऋग्वेद के मंत्र जिन देवताओं की स्तुति में कहे गए हैं उनमें प्रधान वरुण, इन्द्र, सोम, सूर्य आदि हैं। उषा के प्रति भी कुछ अद्भुत रूप से सुन्दर मन्त्र कहे गए हैं। वेदों को 'श्रुति' भी कहते हैं, वह इसीलिए कि तब अभी लिखकर पढ़ने का चलन न था, रटकर मन्त्र याद कर लिए जाते थे। पिता या गुरु मन्त्र बोलते थे, पुत्र या शिष्य सुनकर स्मरण कर लिया करते थे।

धार्मिक वैदिक साहित्य का पिछला भाग उत्तर वैदिक कहलाता है। इसमें ब्राह्मण, आरण्यक और उपनिषद् ग्रन्थ हैं। ये तीनों अधिकतर किसी न किसी वेद से जुड़े हुए हैं। ब्राह्मण गद्य में लिखे हैं जो या तो प्राचीन वैदिक मन्त्रों का अर्थ स्पष्ट करते हैं या यज्ञादि की विधियों पर प्रकाश डालते हैं। इनमें प्रधान ऐतरेय और शतपथ हैं। आरण्यकों का ज्ञान जंगल के एकान्त में विचारा और दिया जाता था, इससे उनका यह नाम पड़ा। इनमें प्रधान ऐतरेय आरण्यक आदि हैं।

उपनिषदों में ब्रह्म और आत्मा का विवेचन है। वे दर्शन का आरम्भ करते और जीव, जगत् आदि के स्वभाव पर विचार करते हैं। वे वैदिक ज्ञान के अन्त में आते हैं, इससे उन्हें वेदान्त भी कहते हैं। उपनिषदों की संख्या सैकड़ों में है, वैसे ग्यारह प्रधान माने जाते हैं और उनमें भी महत्व के बृहदारण्यक, छान्दोग्य, कौषीतकि, ईश, कठ, केन, मुण्डक, माण्डूक्य और प्रश्न उपनिषद् आदि हैं।

वेदांग छह हैं–शिक्षा, कल्प, निरुक्त, छन्द, ज्योतिष और व्याकरण। ये वस्तुतः वेद के अंग तो नहीं हैं पर उनके सही-सही पढ़ने और समझने के साधन हैं, इससे इनको पढ़ना भी आवश्यक माना जाता था। शिक्षा, शब्दों के उच्चारण से और निरुक्त उनकी बनावट, अर्थ आदि से सम्बन्ध रखता था; छन्द मंत्रों की बनावट आदि से; ज्योतिष यज्ञादि की विधियों,

तिथियों आदि से; व्याकरण मन्त्रों की भाषा से और कल्प यज्ञों-संस्कारों आदि से सम्बन्धित थे। वेदांग अधिकतर सूत्र-शैली में लिखे गये हैं। सूत्र थोड़े से थोड़े निश्चित शब्दों में अधिक अर्थ प्रगट करते थे। एक-एक मात्रा बचा लेने में सूत्रकार पुत्र-जनन का सुख मानते थे।

बड़ी कठिन शैली थी यह, पर जब लिखना कम होता था तब याद करने में आसानी हेतु वैदिक साहित्य के निर्माण के पश्चात् इसी सूत्र-शैली का संस्कृत में विस्तार हुआ।

निरुक्त संसार के सबसे पहले कोष थे, जो आज से ढाई हज़ार साल से भी पहले लिखे गए। सबसे महान् निरुक्तकार यास्क थे। ज्योतिष का सम्बन्ध नक्षत्रों की गति और गणित से था। बाद में यूनानी और उसके ज़रिए बाबुली, ताजिकी आदि ज्योतिष भी इस वेदांग में जोड़ लिए गए। संस्कृत व्याकरण जितना वैज्ञानिक है, उतना संसार की किसी भाषा का नहीं। उस क्षेत्र की सबसे महान् रचना पाणिनी की 'अष्टाध्यायी' है। उस पर कात्यायन ने अपना वार्तिक लिखा और पतंजलि ने अपना महाभाष्य जिससे सूत्रों का अर्थ खुला और संस्कृत व्याकरण का वर्तमान रूप सामने आया। बाद में भी व्याकरण बनाने की परंपरा चलती रही, जो सभी पाणिनी के आधार पर ही थे।

सूत्रों का अपना एक साहित्य ही बन गया है। ये तीन प्रकार के हैं–श्रौत सूत्र, गृह्य सूत्र और धर्म सूत्र। श्रौत सूत्रों में यज्ञों का विधान है; गृह्य सूत्रों में गृहस्थों के कर्तव्यों और संस्कारों का और धर्म सूत्रों में वर्णाश्रम धर्म, कानून इत्यादि का। इनके आधार पर स्मृतियाँ बनीं जिनमें मनु और याज्ञवल्क्य प्रधान हैं।

प्रकट है कि यद्यपि इन वेदांगों का आरम्भ वेदाध्ययन की सहायता के लिए हुआ तथापि ये स्वतन्त्र रूप से नए क्षेत्रों में विकसित होते गए और अन्त में सर्वथा वैज्ञानिक और लौकिक हो गए। बाद में तो अर्थशास्त्र (कौटिलीय) , कामसूत्र (वात्स्यायन) आदि भी बने, जिनका सम्बन्ध शासन और सम्पत्ति तथा काम-विज्ञान से था।

भारतीय दर्शन का आरम्भ तो वेदों में ही हो गया था, पर उसका

विशेष चिन्तन उपनिषदों में हुआ और वह पका व्यवस्थित दर्शनों के सिद्धान्तों में। अनीश्वरवादी चारवाकों, जैन और बौद्धों के दर्शनों के अतिरिक्त हिन्दुओं के छह दर्शन हैं, जो प्रायः सभी प्रारम्भ में, बीज रूप में, अनीश्वरवादी हैं। ये हैं– जैमिनि की पूर्वमीमांसा, बादरायण की उत्तर मीमांसा, कपिल का सांख्य, पतंजलि का योग, कणाद का वैशेषिक और गौतम का न्यायसूत्र।

इस दर्शन-साहित्य में ही श्रीमद्भगवद्गीता की भी गणना है। समन्वित दर्शन का यह अपूर्व ग्रन्थ है और परिणाम की भावना छोड़कर कर्म करने की कर्मयोग की अनूठी प्रेरणा देता है। इसी से इस देश की जनता का आज हज़ारों वर्ष से यह अत्यन्त प्रिय ग्रन्थ रहा है।

संस्कृत के धार्मिक साहित्य का अन्तिम अंग पुराण हैं। इनमें देश का प्राचीन इतिहास भी समाहित है। इतिहास-पुराणों का उल्लेख अथर्ववेद तक में है। पुराण–यानी पुराना–नाम से भी प्रकट है कि यह साहित्य पुराना होगा। पर जिस रूप में आज हम पुराणों को पाते हैं, वे बाद में लिखे गए, शायद आज से कोई डेढ़ हज़ार साल पहले, गुप्त-राजाओं के काल में। इससे यह भी प्रकट है कि उनसे पहले कोई मूल पुराण भी था जिसका सम्पादक वेदों के सम्पादक (संहिताकार) और महाभारत के रचयिता व्यास को माना जाता है।

पुराणों में सृष्टि, प्रलयान्तर सृष्टि, ऋषियों और राजाओं की वंश-तालिकाओं का वर्णन है। हमारे जीवन की अधिकतर परम्पराएँ उन्हीं में मिलती हैं। आज का हमारा हिन्दू-जीवन अधिकतर उन्हीं पर अवलंबित है। हम आज वेदों का नहीं, पुराणों का जीवन ही जीते हैं। उन्हीं के देवी-देवताओं का, उन्हीं के विश्वासों-आदर्शों का। पुराण अट्ठारह माने जाते हैं। इनमें प्रधान ब्रह्मपुराण, ब्रह्माण्डपुराण, श्रीमद्भागवत पुराण, अग्नि, विष्णु, वायु, मार्कण्डेय और भविष्य आदि हैं। श्रीमद्भागवत पुराण का बहुत आदर है। इसमें श्रीकृष्ण की कथा है। उसकी भाषा बहुत प्रांजल और अर्थगर्भित है। इसीलिए कहा जाता है कि विद्वानों की परीक्षा भागवत में ही होती है–'विद्यावतां भागवते परीक्षा'।

2.

लौकिक साहित्य के प्रधानतः दो भाग हैं–काव्य और नाटक। वस्तुतः नाटक भी काव्य के अन्तर्गत ही माने जाते हैं। ऐसे ही अच्छे गद्य को भी काव्य मानते हैं। जो रसभरा वाक्य है वह काव्य ही है। इसी दृष्टि से बाण और दण्डी प्रधानतः गद्य लिखनेवाले होकर भी कवि माने गए हैं।

हम यहाँ लौकिक काव्य-साहित्य के भी दो भाग करेंगे–प्राचीन महाकाव्य और पिछले युगों के काव्य-नाटक। प्राचीन महाकाव्यों में प्रधान रामायण और महाभारत हैं। ये दोनों ईसवी सदी के आरम्भ के पहले ही बन चुके थे। रामायण में राम-सीता की कथा है, रावण-वध की, और महाभारत में कौरव-पाण्डवों के युद्ध की। महाभारत का बीज-भाग तो निश्चय अट्ठारह दिनों की युद्ध की वार्ता उपस्थित करता है पर वास्तव में वह आज एक प्रकार का पुराण ही बन गया है, जिसमें हज़ारों प्राचीन कथाएँ दी हुई हैं। जब यह केवल युद्ध-भाग मात्र था तब इसका नाम 'जय' था, फिर बढकर यह 'भारत' और अन्त में 'महाभारत' कहलाया। अब इसमें एक लाख श्लोक हैं, इससे इसका दूसरा नाम 'शतसाहस्री-संहिता' भी है। इसी महाभारत में भारतीय दर्शन का अपूर्व ग्रन्थ 'भगवद्‌गीता' है। रामायण और महाभारत की कहानियाँ पुराणों की ही भाँति हमारे कवियों के प्रबन्ध-काव्यों और नाटकों में प्रस्तुत घटनाओं के लिए आधार सिद्ध हुई हैं। कालिदास ने अपना 'रघुवंश' और 'शाकुन्तल' महाभारत के आधार पर ही लिखे। रामायण वाल्मीकि और महाभारत व्यास की रचना मानी जाती है।

वाल्मीकि और व्यास के बाद का काव्य-काल ईसा की प्रारम्भिक सदियों से शुरू होता है। उस काल के साहित्य-आकाश में सबसे देदीप्यमान नक्षत्र ब्राह्मणी सुवर्णाक्षी का पुत्र अश्वघोष है। अश्वघोष दार्शनिक, भिक्षु और कवि था। उसने बुद्ध की कथा के प्रचार के लिए 'बुद्धचरित' और 'सौंदरनन्द' महाकाव्य लिखे। 'बुद्धचरित' में बुद्ध की

कथा है, और 'सौंदरनन्द' में बुद्ध के सौतले भाई नन्द और उसकी पत्नी सुन्दरी की कथा। अश्वघोष ने कालिदास को इतना प्रभावित किया कि उस महाकवि ने भी 'बुद्धचरित' के कई श्लोक अपने काव्यों 'रघुवंश' और 'कुमारसम्भव' में दुहराए। अश्वघोष कुषाणराज कनिष्क के समय ईसा की पहली सदी में हुआ। उसकी कृतियाँ इतनी लोकप्रिय थीं कि वे मध्य एशिया तक की हिन्दू और बौद्ध बस्तियों में पढ़ी जाती थीं। उसके यहाँ कुछ नाटकों के भाग भी मिले हैं, जिनसे प्रकट होता है कि वह नाटककार भी था।

अश्वघोष के प्रायः दो सौ साल बाद संस्कृत का पहला प्रसिद्ध नाटककार भास हुआ, जिसके प्रधान नाटक 'स्वप्नवासवदत्ता', 'प्रतिज्ञा-यौगन्धरायण', 'चारुदत्त' आदि हैं। इनमें 'चारुदत्त' को बदल-बढ़ाकर बाद में शूद्रक ने अपना हास्य-नाटक 'मृच्छकटिक' लिखा जिसमें उसने ब्राह्मण को चोर और वेश्या को नायिका बनाया।

इसी बीच बौद्ध ग्रन्थ 'अवदान शतक' और आर्यसूर की 'जातकमाला' संस्कृत में लिखे गए। यही काल संस्कृत में शिला और स्तंभों पर लिखी सुन्दर राजकीय प्रशस्तियों और अभिलेखों का है। सुन्दरतम प्रशस्ति-कवि हरिषेण और वत्समही हुए। हरिषेण कालिदास से कुछ पहले हुआ और वत्समही कुछ बाद।

पाँचवीं सदी ईसवी के कवि कालिदास की तुलना अंग्रेजी कवि और नाटककार शेक्सपियर से की जाती है पर कालिदास उससे कहीं महान् साहित्यकार थे। उसने चार काव्य लिखे, तीन नाटक। 'रघुवंश' और 'कुमारसम्भव' उसके दो महाकाव्य हैं, जिनमें क्रमशः सूर्यवंश और शिव-पार्वती की कथा कही गई है और जिनमें क्रमशः उन्नीस और सत्रह सर्ग हैं। 'कुमारसंभव' में वस्तुतः शिव-पुत्र कार्त्तिकेय की जन्म-कथा वर्णित है। इसीलिए उसका नाम 'कुमारसंभवम्' है। 'मेघदूत' अद्भुत मधुर खण्ड-काव्य है, जिसने देशी-विदेशी अनेक कवियों को प्रभावित किया है। 'ऋतुसंहार' कवि का छोटा प्रारम्भिक काव्य है, जिसमें छहों ऋतुओं का वर्णन है। कालिदास की उपमाएँ तो प्रसिद्ध हैं ही, उसके

काव्यों का-सा रस अन्यत्र कहीं नही। कालिदास के नाटक तीन हैं– 'मालविकाग्निमित्र', 'विक्रमोर्वशीय' और 'अभिज्ञान शाकुन्तल'। 'शाकुन्तल' का चमत्कार संसार-भर के आलोचकों ने माना है।

कालिदास की ही भाँति विख्यात महाकाव्य लिखने वाले कवि भारवि, माघ और श्रीहर्ष हैं। भारवि ने 'किरातार्जुनीय', माघ ने 'शिशुपाल वध' और श्रीहर्ष ने 'नैषधचरित' लिखा। भारवि छठी सदी ईसवी के अन्त में हुए और उनका नाटक 'उत्तररामचरित' बहुत प्रसिद्ध हुआ। माघ ने 700 ई. के लगभग महाभारत के आधार पर कृष्ण द्वारा शिशुपाल के वध की कथा अपने महाकाव्य में लिखी। बारहवीं सदी में कन्नौज के राजा जयचन्द्र के दरबार में श्रीहर्ष ने अपना नल-दमयन्ती सम्बन्धी महाकाव्य 'नैषधचरित' रचा। दंडी भी प्रसिद्ध कवि हुआ। वस्तुतः संस्कृत के चार सर्वश्रेष्ठ काव्यकार हैं कालिदास, भारवि, दंडी और माघ। उनमें चारों को चार विशेषताओं के कारण प्रसिद्धि मिली। कहा गया है–'उपमा कालिदासस्य भारवेरर्थगौरवम्। दंडिनः पदलालित्यं माघे सन्ति त्रयो गुणाः।' उपमा के लिए कालिदास, अर्थगौरव के लिए भारवि, पद-लालित्य के लिए दंडी प्रसिद्ध हैं पर माघ में ये तीनों गुण हैं। इस तरह माघ एक श्रेष्ठ कवि है। वे कुछ और ग्रन्थ लिखते तो कालिदास भी फीके पड़ जाते। संस्कृत काव्य की मधुर परम्परा इन कवियों के आगे-पीछे और बीच-बीच में भी चलती रही। बंगाल के कवि जयदेव ने बारहवीं सदी में अपना ललित गेय वैष्णव-काव्य 'गीतगोविन्द' लिखा। परम्परा के पिछले काल में सबसे पण्डित और महान् कवि, शाहजहाँ का समकालीन, पण्डितराज जगन्नाथ हुआ जिसकी रचना 'गंगालहरी' अमर कृति है।

नाटक की परम्परा में भास और कालिदास के बाद राजा हर्षवर्धन का नाम आता है। हर्ष, बाण, मयूर, मातंग, दिवाकर आदि कवियों का संरक्षक तो था ही, वह स्वयं भी कुशल नाटककार था। उसने 'नागानन्द', 'प्रियदर्शिका,' और 'रत्नावली' नाम के तीन नाटक लिखे।

कालिदास के बाद संस्कृत साहित्य का सबसे महान् नाटककार

भवभूति हुआ। उसने तीन नाटक लिखे–'मालती–माधव', 'महावीर-चरित' और 'उत्तररामचरित'। 'मालती-माधव' में माधव का मालती के प्रति अनुराग प्रदर्शित है, 'महावीरचरित' में रामायण की कथा है और 'उत्तररामचरित' में सीता-परित्याग का अत्यन्त शालीन और करुण चित्रण है।

राजनीतिक नाटक लिखने में विशाखदत्त बड़ा सिद्धहस्त हुआ। उसका 'मुद्राराक्षस' संसार के राजनीतिक नाटकों में बेजोड़ है। उस नाटक में नन्दों के विध्वंसक चन्द्रगुप्त मौर्य के मन्त्री चाणक्य और नन्दराज के मन्त्री राक्षस का परस्पर कूटनीतिक संघर्ष वर्णित है। उसकी दूसरी रचना 'देवी चन्द्रगुप्तम्' भी राजनैतिक ही है, पर यह अपूर्ण ही मिली है। इसमें गुप्त नरेश चन्द्रगुप्त विक्रमादित्य ने कुमारावस्था में अपने भाई रामगुप्त द्वारा उसकी हारी हुई पत्नी ध्रुवदेवी के वेश में शक राजा को मारकर देवी का उद्धार किया है।

भट्टनारायण का 'वेणीसंहार' महाभारत की उस घटना पर अवलंबित है, जिसमें भीम दुःशासन को मारकर द्रौपदी के अपमान का बदला लेता है। सातवीं सदी में कांची के पल्लवराज महेन्द्रविक्रम का 'मत्तविलास' हास्यरस से भरा सुन्दर प्रहसन है।

संस्कृत गद्य का विस्तार भी कुछ कम नहीं परन्तु न तो वह काव्य की भाँति बहुल ही है, न उतना शालीन ही। वैसे तो ब्राह्मण-ग्रन्थों में ही उस गद्य का आरम्भ हो गया था, पर उसका विपुल विकास प्रायः हज़ार वर्ष बाद हुआ। पहला सुन्दर शालीन संस्कृत गद्य का नमूना शकराज रुद्रदामा के गिरनार के शिलालेख में मिलता है। पर गद्य-काव्य की रचना सातवीं सदी के आरम्भ में शुरू हुई। बाणभट्ट ने अपनी 'कादम्बरी' उसी शैली में नितान्त कल्पना से लिखी। उसे संस्कृत का पहला उपन्यास माना जाता है। वस्तुतः बाणभट्ट 'कादम्बरी' को पूर्ण किए बिना ही मर गया; उसे पूर्ण उसके द्वितीय पुत्र ने किया। उसका 'हर्षचरित' भी उसी परम्परा का है। दोनों वह अपूर्ण छोड़ गया। दण्डी ने अपना 'दशकुमारचरित' ललित गद्य में लिखा। सुबन्ध ने अपनी

'वासवदत्ता' लिखकर 'कादम्बरी' की ही भाँति एक उपन्यास का सूत्रपात किया।

संस्कृत का क्षेत्र इतना विस्तृत है कि उसका संक्षेपतम सिंहावलोकन भी पर्याप्त विस्तार की अपेक्षा करेगा। यहाँ स्वल्प में उसकी ओर संकेत मात्र किया गया है, वरना उसके चम्पू (पद्य-गद्य सम्मिलित), स्तोत्र, ऐतिहासिक काव्यों और अनन्त खण्ड-काव्यों का कोई अन्त नहीं। फिर उसके विविध वैज्ञानिक विषयों, नीतिपरक रचनाओं, पंचतंत्रादि कथाओं की परिधि असाधारण रूप से बड़ी है।

वर्तमान काल में भी संस्कृत उपेक्षित नहीं है। उसमें डा. रामकरण शर्मा (पूर्व कुलपति, सम्पूर्णानन्द संस्कृत विश्वविद्यालय) ने कई ग्रन्थ लिखे हैं। वे अभी भी सक्रिय हैं। उनका ग्रन्थ 'ज्ञान भैषज्य मंजरी' बहुत प्रसिद्ध है। डा. मुरलीधर पांडेय (पूर्व प्राचार्य, दिल्ली विश्वविद्यालय एवं कुलपति संस्कृत विद्यापीठ) ने शंकर-पूर्व अद्वैत पर एक उत्कृष्ट कृति दी है। प्रो. राजेन्द्र मिश्र (वर्तमान कुलपति, संस्कृत वि. वि., वाराणसी) ने भी संस्कृत गद्य-पद्य दोनों में लिखा है।

प्रो. जगन्नाथ पाठक इलाहाबाद में संस्कृत के अच्छे काव्यकार हैं। यह कहना गलत है कि संस्कृत एक जीवन्त भाषा नहीं है। अब भारत सरकार भी संस्कृत के प्रसार का उद्योग कर रही है।

●●●

भारत के भवनों की कहानी

स्थापित 1912
100 वर्षों की
श्रेष्ठ प्रकाशन परम्परा
राजपाल

₹ 90

ISBN : 9788170284673

BHARAT KE BHAWANON KI KAHANI

by Dr. Bhagwat Sharan Upadhayaya

मुद्रक : जी. एस. ऑफसेट, दिल्ली

राजपाल एण्ड सन्ज़

1590, मदरसा रोड, कश्मीरी गेट, दिल्ली-110006

फोन : 011-23869812, 23865483, 23867791

website : www.rajpalpublishing.com

e-mail : sales@rajpalpublishing.com

www.facebook.com/rajpalandsons

स्वदेश-परिचय : 4

भारत के भवनों की कहानी

डॉ. भगवतशरण उपाध्याय

राजपाल

भारत के भवन

भारत के भवन दुनिया भर में अपनी तरह के अनूठे तो हैं ही, इनकी निर्माण कला और शैली भी दुनिया के सभी देशों से भिन्न है। अन्य देशों में प्रायः उसी एक शैली के भवन प्राप्त होते हैं, जिसकी संस्कृति का उस देश में प्रभुत्व रहा। जैसे यूरोप के सभी देशों में ईसाई धर्म ही प्रचलित रहा इसलिए उसी से प्रभावित शैलियों के ही भवन प्राप्त होते हैं। इटली और ग्रीस ही इसके अपवाद रहे क्योंकि इन देशों में ईसाइयों के प्रवेश से पूर्व ग्रीक और रोमन सभ्यताओं का प्रभाव था और उस समय निर्मित कुछ भवन, काफी कुछ टूट-फूट जाने पर भी, आज भी उपलब्ध हैं। इसी प्रकार चीन और जापान में उन्हीं की तिरछी छतदार शैलियों के भवन उपलब्ध हैं, अथवा अरब देशों में मुस्लिम मीनार शैली के भवन दिखाई देते हैं।

परन्तु भारत में आरम्भ से ही कई धर्म-सभ्यताओं की शैलियाँ कार्यरत रहीं। कुछ तो, जैसे इस्लामी तथा ईसाई, बाहर से आईं, और कुछ भारतीय संस्कृति की विविध धार्मिक धाराओं की अपनी एक दूसरे से बिल्कुल अलग-अलग शैलियाँ थीं। इनमें प्राचीन हिन्दू, दक्षिण भारतीय हिन्दू तथा बौद्ध और जैन शैलियाँ हैं जो एक दूसरे से नितान्त भिन्न प्रकार की हैं।

बिलकुल प्राचीन सिन्धु घाटी सभ्यता के नगर पंजाब से राजस्थान और गुजरात के समुद्र तट तक फैले हुए हैं। इनमें हड़प्पा और मोहनजोदड़ो तो अब पाकिस्तान में चले गए हैं, परन्तु गुजरात के कालीबंगन, लोथल इत्यादि भारत में ही हैं। इनकी खुदाइयों से अनेक परिणाम सामने आ रहे हैं। एकदम नयी खोजों से द्वारिका के परे समुद्र के भीतर भी नगर के खण्डहर प्राप्त हो रहे हैं, जो पुराणों के अनुसार श्रीकृष्ण के समय में ही समुद्र में डूब गया बताया जाता है।

हिन्दू परम्परा में उत्तर तथा दक्षिण के भवन और मन्दिर एक दूसरे से बिलकुल भिन्न प्रकार के हैं, भले ही दोनों प्रदेशों के धर्म एक ही रहे हों। मुसलमानों से युद्ध होते रहने के कारण उत्तर भारत में मन्दिरों का इतना विकास नहीं हो पाया जितना शान्ति बनी रहने के कारण दक्षिण भारत में हुआ। दक्षिणी मन्दिरों के शिखर अपनी तरह के अनोखे हैं और अनेक मन्दिर तो पूरे-पूरे शहर ही हैं। बौद्ध शैली में चैत्य और स्तूपों के अलावा पहाड़ काटकर बनाई गई गुफाओं का–जिनमें भीतर चित्र, मूर्तियाँ, इत्यादि बनाए गए–विकास हुआ, जैसा दुनिया में कहीं और नहीं हुआ। अलबत्ता, चीन में भारत के अनुकरण पर–क्योंकि वहाँ बौद्ध धर्म भारत से गया और फैला, कुछ स्थानों पर गुफा मन्दिर अवश्य बनाए गए। जैन मन्दिरों का शिल्प मोटे तौर पर हिन्दू शिल्प से मिलता-जुलता होने के बावजूद, इससे भिन्न रहा। दिलवाड़ा तथा माउण्ट आबू के मन्दिर तथा दक्षिण में गोमतेश्वर की अति विशाल नग्न मूर्ति इसके प्रमाण हैं।

यही नहीं, भारतीय भवन-निर्माण कला का एक स्वतन्त्र शास्त्र भी यहाँ विकसित किया गया, जिसे 'वास्तुशास्त्र' कहते हैं। इसमें मनुष्य के रहने वाले घरों, पूजा-पाठ के स्थानों तथा व्यापार के लिए निर्मित भवनों, सभी को दिशाओं, ऋतुओं और नियति से जिस प्रकार जोड़ा गया, वह आश्चर्यजनक है। आज इस शास्त्र का एक बार फिर प्रचार हो रहा है और स्वयं भारत के अलावा अमेरिका इत्यादि पश्चिमी देश

भी इससे लाभ उठाने का प्रयत्न कर रहे हैं।

मुसलमानों ने भारत आकर अपने ढंग के अलग किले, मस्जिदें इत्यादि बनाई। इनमें मनुष्य के चित्र तथा प्रतिमा को स्थान नहीं था, इसलिए बेलबूटे और पच्चीकारी में इसने विशेषता हासिल की। कुरान शरीफ की आयतें इतनी कलापूर्वक लिखी गईं कि आश्चर्य होता है। दिल्ली का लाल किला, जामा मस्जिद और आगरे का किला तथा ताजमहल इसके उदाहरण हैं।

फिर अंग्रेजों के भारत आगमन के साथ ईसाई धर्म आया और इनके द्वारा निर्मित भवनों पर दोनों के संयुक्त प्रभाव पड़े। जहाँ एक ओर कुछ बड़े भव्य गिरजाघर बने, वहाँ अंग्रेजों ने जो इमारतें बनवाईं, वे भी अपनी तरह की अनूठी रहीं। मुम्बई और कोलकाता चूँकि अंग्रेजों ने ही बसाए इसलिए इनके भवन इनकी कला के अद्भुत नमूने बने। मुम्बई में विक्टोरिया टर्मिनस और फोर्ट का सारा इलाका ऐसे भवनों से भरा हुआ है। इसी प्रकार कोलकाता में विक्टोरिया मेमोरियल ब्रिटिश कला का अनुपम उदाहरण है।

बीसवीं शताब्दी के आरंभ में आधुनिक भवन निर्माण-कला जब प्रचार में आई तब राजधानी नई दिल्ली के वे अनेक भवन बने जो इस शैली के बेजोड़ नमूने हैं। इनमें कनाट प्लेस का गोलाई में बना मार्केट, संसद का गोल भवन, सैकड़ों कमरों वाला विशाल राष्ट्रपति भवन और उसके सामने इण्डिया गेट का विस्तार, इत्यादि अत्यन्त प्रभावशाली तथा दर्शनीय हैं।

इस प्रकार भारत के भवनों में शैली तथा शिल्प की जो विविधता है वह अन्यत्र कहीं उपलब्ध नहीं है। इन्हीं का एक संक्षिप्त विवरण यह पुस्तक प्रस्तुत करती है।

क्रम

ताजमहल

आदमी जन्मता है, काम करता है, मर जाता है। आदमी स्वयं दुर्बल है पर उसके कर्त्तव्य बड़े हैं, उसकी तदबीर बड़ी है। बड़े-बड़े जानवरों से—हाथी, ऊँट, घोड़े, साँड से वह बहुत छोटा, बहुत कमज़ोर है, पर उनसे वह कहीं चतुर है, कहीं होशियार। इसी से वह इतने बड़े जानवरों को भी नाथकर उनसे अपना काम लेता है। और जिन शेर, चीते आदि जानवरों से वह काम नहीं ले पाता, उन्हें भी वह पकड़कर बस में कर लेता है और अपने बनाए चिड़ियाघरों में लाकर बन्द कर देता है। आदमी का चमत्कार है यह!

आदमी जनमते समय लाचार होता है, विवश, जो खड़ा तक नहीं हो सकता, दूसरों के हाथ पलता है। मरने पर तो वह दुनिया से गायब ही हो जाता है। जनम और मरन के मध्य ही वह काम करता है। वही काम उसके बाद बना रह जाता है—उसकी बुद्धि का काम, तदबीर से किया गया काम। खुद तो वह दुर्बल है, पर उसका काम बड़ा है, वही रह जाता है। उसके मरने के सालों-सदियों बाद तक उसकी कीर्ति चलती रहती है, जीती-जागती रहती है।

अतः आदमी भले ही कमजोर है, पर उसकी कीर्ति बड़ी है, उसका काम बड़ा है, टिकाऊ है। जो वह करता-गढ़ता-बनाता है, वह जल्दी

नहीं मिटता। उसे वह अपने मरने के बाद भी छोड़ जाता है जो उसकी याद दिलाता है। आदमी जीता-मरता है पर उसका अच्छा काम अमर रहता है। उसने इतनी ऊँची, इतनी बड़ी, इतनी सुन्दर इमारतें बनाई हैं जो आज भी ज़मीन पर खड़ी हैं। इस देश में भी, बाहर के दूसरे देशों में भी। मिस्र के पिरामिडों को जो देखता है, आश्चर्य में पड़ जाता है। डेढ़ हज़ार मील लम्बी चीन की दीवार को जो देखता है, हैरत में आ जाता है। जिन्होंने उन्हें बनाया वे कमज़ोर आदमी हज़ारों-सैकड़ों साल पहले मर गए, पर उनकी ये इमारतें आज भी खड़ी हैं और दुनिया के अचरजों में गिनी जाती हैं।

इन्हीं की तरह एक अचरज अपने देश का, आगरे का ताज है। ताजमहल, मुमताजमहल का मकबरा। संसार की सारी इमारतों से सुन्दर है यह ताज। इसके सदृश मधुर कोई सपना नहीं, कोई गीत नहीं। इसकी तरह कीमती कोई जवाहर नहीं, हीरा नहीं। ताज पिरामिडों की तरह ऊँचा नहीं, चीनी दीवार की तरह लम्बा नहीं, पर उनसे कहीं महान् है। ऐसी प्यारी, ऐसी अनोखी, ऐसी नयनाभिराम वस्तु दुनिया में कोई नहीं। आदमी आता है, ताज को देखता हैं और चकित हो जाता है, उसमें खो जाता है। उसकी बनावट, उसकी सादगी, उसकी सफाई, उसकी सुन्दरता का शिकार हो जाता है।

ताज सफेद संगमरमर का बना है। चारों कोनों पर चार ऊँची बुर्जियाँ जैसे आसमान का स्पर्श हैं, पीछे की ओर यमुना की लहरियाँ लहराती हैं। ताज यमुना के किनारे बना है और जब यमुना सूखी नहीं रहती तो सम्पूर्ण इमारत की छाया उसकी लहरों में डोला करती है। यह ताज अर्जुमन्द बानो बेगम की कब्र है। अर्जुमन्द बानो बेगम प्रसिद्ध मुगल बादशाह शाहजहाँ की मलिका थी, उसके चौदह बच्चों की माँ। उसका दूसरा नाम मुमताजमहल था और इसी नाम पर इस मकबरे का नाम पड़ा–ताजमहल।

बेगम मलका नूरजहाँ की भतीजी थी, उसके भाई और सम्राट्

ताजमहल की गणना दुनिया के सात आश्चर्यों में होती है

जहाँगीर के वज़ीर आसफ खाँ की बेटी। उसी के मरने पर शाहजहाँ ने उसकी यह कब्र बनवाई। शाहजहाँ के समान शानदार संसार में कोई बादशाह नहीं हुआ। उसकी तरह की शानदार और आलीशान इमारतें किसी ने नहीं बनवाईं। ताज बनवाकर वह अपने महल के कमरे से सालों, मरने के समय तक, उसे देखा करता। ताज उसे अत्यन्त प्रिय था।

इमारत में नीचे उतरकर वह कमरा है, जिसमें मुमताजमहल और शाहजहाँ, दोनों की कब्रें हैं। उसके चारों ओर आठ कमरे बने हैं जिनमें बराबर कुरान का पाठ हुआ करता था और मधुरकण्ठ वाले गवैये गायन करते थे। कब्रों के चारों ओर संगमरमर की अचरज-भरी खूबसूरत जाली दौड़ती है। दुनिया के अच्छे-से-अच्छे कलाकारों ने उस जाली को दस बरस में काट-तराशकर तैयार किया था।

कब्रों के सफेद पत्थर, कभी न मुरझाने वाले ईरानी फूलों के बाग बन गए हैं! जिस खूबी के साथ मुगल कलम का जादूगर चितेरा अपने चित्रों का हाशिया लिखता था, उसी बारीकी से संगतराश ने अपनी छेनी से पत्थर पर यह फूलों का बाग उकेर दिया है। और इस कब्र पर कभी मलिन न होने वाले सुन्दर अक्षरों में अंकित है–'अर्जुमन्द बानो बेगम मुमताजमहल की मज़ार। मृत्यु 1040 हिजरी।'

बाहरी मेहराबी दरवाज़ा कारवाँ-सराय से घिरा है। मध्य मेहराब पर संगमूसा के बारीक अक्षरों में खुदा है–''पाक दिल बहिश्त के बाग में प्रवेश करें।'

इस दरवाजे से ताज का सम्पूर्ण ढाँचा दिखाई पड़ता है। सफेद, चाँदी की परी-सी इमारत ज़मीन पर कुछ ऐसी हल्की-फुल्की बैठी है कि लगता है, क्षण-भर में पंख मारकर उड़ जाएगी। इतने कम विस्तार में इतनी घनी सुघराई! इतना अपार सौन्दर्य, संज्ञा-मोहक आकर्षण! कहीं कुछ कम नहीं, कहीं कुछ अधिक नहीं, जैसे कुदरत ने तौलकर रख दिया है। कुछ घटाया-बढ़ाया नहीं जा सकता, कुछ बदला नहीं जा

सकता।

सामने पत्थर की पटरियों से सजा बगीचा है, शायद दुनिया का सबसे सुन्दर बगीचा, जिसके बीच एक पतली नहर फाटक तक चली गई है। बाग भी इमारत का ही एक हिस्सा था। इमारत की सुन्दरता इस बाग से, इसके सरो के पेड़ों से और भी बढ़ जाया करती थी। सामने ऊपर एक चबूतरा है, दूसरा नीचे। एक के फैले मैदान में फूलों का बाग कढ़ा है, दूसरे पर ताज की मीनारें बनी हैं। उनके बीच ताज ऐसा लगता है, जैसे चार लम्बी सहेलियों के बीच सुघड़ शाहज़ादी।

दोनों ओर मस्जिदें खड़ी हैं, लाल पत्थर से निर्मित ताज की इमारत एक ज़नानी नज़ाकत लिए हुए है। किसी ने उसे 'संगमरमर के रूप में सपना' कहा है, किसी ने फरिश्ते का 'ज़ाहिर अफसाना'। कुछ भी कहा जा सकता है इस सुन्दर इमारत की प्रशंसा में, और जो कुछ कहा जाएगा, वह थोड़ा ही होगा।

ताज बनाने की कहानी भी गज़ब की है। शाहजहाँ ने इन्जीनियरों से 'माडल' माँगे। इमारत बनने के पहले उसका माडल तैयार किया जाता है न! सो उसने माडल माँगे। माडल आए—चीन-मंगोलिया से, समरकन्द-फरगना से, ईरान-खुरासान से, ईराक-आरमीनिया से, काहिरा-अलहमरा से, वेनिस-कुस्तुन्तुनिया से। एक से एक माडल आए, खूबसूरती और इमारती रौनक के नमूने। उस्ताद ईसा का शीराजी नमूना शाहजहाँ को जँच गया। उसकी सादगी ने उसे मोह लिया।

काम आरम्भ हो गया। हिन्दुस्तान के कलाकार, फारस के रंगराज़, अरब के संगतराश, आरमीनिया के पच्चीकार, कस्तुन्तुनिया के गुम्बजकार, वेनिस के सुनार आगरे में आकर जम गए। जयपुर से संगमरमर आया, सीकरी से संगसुर्ख, पंजाब से सूर्यकान्त पत्थर। चीन से जमरुद और स्फटिक आए, तिब्बत से नीलमणि, अरब से मूँगा और संगमूसा। ईरान से बिल्लोर और याकूत, शहर मुन्जान से गोमेद। हीरा भी आया। पन्ना भी।

कहते हैं कि इमारत में करोड़ों रुपये लगे, लाखों मजदूर, तब कहीं तीस साल में ताज खड़ा हुआ। देश के कोने-कोने से कारीगर आए। काबुल से दकन तक और बंगाल से गुजरात-काठियावाड़ तक के किसानों ने उसी ताज के लिए सालों खेत जोते, व्यापारियों ने सौदागरी की, तब कहीं वह ताज तैयार हुआ। ताज इतना सुन्दर है, इतना कीमती है कि उसकी सुन्दरता को शब्दों में बाँधना कठिन है। बादशाह की मुहब्बत का इज़हार है वह। पर इन सबसे बड़ी बात उसमें यह है कि हमारे देश की तीस बरस की मेहनत, किसानों और मजदूरों का पसीना लगा है इसमें। वह हमें बहुत प्रिय है। जो देखता है, उसी को प्रिय है, तभी तो इसे देखने दूर देशों से पर्यटक आते हैं।

आगरे का किला

आगरे का किला : लाल पत्थर की 70 फुट ऊँची ढाई किलोमीटर लम्बी दौड़ती दीवारें, बुर्जियाँ और मीनारें, विशाल दरवाज़े। अकबर का बनवाया हुआ है यह किला। इसकी दीवारों के भीतर आँखों को सुख देने वाली प्रसिद्ध मोती मस्जिद है, अकबर और शाहजहाँ के महल हैं। दोनों को आगरा प्रिय था, दोनों ही ज़्यादातर वहीं रहे थे। किले का प्रधान द्वार दिल्ली-दरवाज़ा है।

किले के चारों ओर एक गहरी खाई दौड़ती है जो कभी यमुना के जल से भरी रहती होगी। बाहरी दरवाजे के भीतर हाथीपोल है, हाथी-दरवाज़ा। इस दरवाजे के दोनों ओर दो हाथी और उनके सवार बने थे, जिन्हें विदेशी यात्रियों ने देखा था। हाथियों के सवार चित्तौड़गढ़ की रक्षा में बलि हो जाने वाले वीर सिसोदिया जयमल और फत्ता थे। उनकी वीरता का जादू अकबर पर इतना हावी हुआ कि उसने अपने किले के द्वार पर उनकी हाथी पर चढ़ी मूर्तियाँ बनवा दीं। बाद में औरंगजेब ने उन्हें उखाड़ फेंका।

भीतर मोती-मस्जिद है। इमारतों में सच्चा मोती, जिसकी सादगी और सफाई मन को मोह लेती है। बिना किसी खास कटाव के इतनी मनोहारी इमारत कम देखने में आती है। सादे रास्ते से चलकर आदमी

यकायक उसके सामने आ खड़ा होता है और उसकी सुन्दरता से चकित हो जाता है। सात मेहराबों पर तीन गुम्बज हैं; लगता है, जैसे तीन कलियाँ छत से ऊपर सरक आई हैं और बस खिलने ही वाली हैं। यह मस्जिद भी शाहजहाँ की ही कीर्ति है।

दाहिने बाजू में दीवाने-आम है। राह उस मीना बाज़ार से होकर गई है जहाँ कभी सौदागर दुनिया के कोने-काने से लाकर हीरे-जवाहरात, किमखाब, कलाबत्तू और दूसरी कीमती चीजें बेचते और बादशाह और उसके अमीर उन्हें खरीदते थे। सामने दीवाने-आम का सहन है जिसके पीछे खम्भों की तीन कतारें लगातार दौड़ती चली गई हैं। इमारत लाल पत्थर की बनी है।

हॉल चारों ओर से खुला है। पीछे हटकर बादशाह का तख्त बना है, जिसके पीछे संगमरमर-जड़े शाही महल के कमरे थे। यहीं बैठकर बादशाह न्याय करता और राजदूतों से मिलता था। तख्त के सामने तीन फुट ऊँची संगमरमर की एक पटिया है जिस पर खड़े होकर वज़ीर बादशाह के आदेश लिया करता था। दाहिनी ओर की जालियों से बेगमें झाँककर दीवाने-आम का दरबार देखा करती थीं।

बादशाही ज़माने में त्यौहारों और उत्सवों के दिन दीवाने-आम के खम्भे सुनहरी कारचोबी से ढक दिए जाते थे और ऊपर साटन की फूलदार चाँदनी तन जाती थी। फर्श कीमती और कोमल कालीनों और गलीचों से ढक दिया जाता था। बाहर हाल में भी बड़ा शामियाना तन जाता था जिसके बाँस चाँदी के काम से ढंक दिए जाते थे।

दीवाने-आम के सामने जहाँगीर का बनवाया हौज़ है। एक ही पत्थर को काटकर बनवाया गया है यह, भीतर-बाहर सीढ़ियाँ हैं। पाँच फुट गहरा है यह हौज़। शायद पहले यह जहाँगीर-महल में था।

हरम की राह मीना बाज़ार से होकर जाती है। यह भीतरी मीना बाज़ार है। मीना बाज़ार की कहानी बड़ी दिलचस्प है। यहाँ एक बनावटी मेला लगा करता था, ज़नाना बाज़ार, जिसमें अमीरों और राजाओं की

खूबसूरत रानियाँ और बेगमें और शाहज़ादियाँ ही सौदागर बनकर माल बेचती थीं और बादशाह और बेगमें खरीदती थीं। सौदे का मोल-तोल खूब होता था–और बादशाह एक-एक पैसे के लिए मोल-तोल करता था। बाद में पैसों की जगह अशर्फियाँ दे दिया करता था।

दीवाने-आम के पीछे मच्छी भवन है। सहन इसका कभी देखने लायक था। इसमें संगमरमर की फूल की क्यारियाँ थीं, पानी की नहरें थीं, फव्वारे थे, मछलियों से भरे हौज़ थे। इसके पास ही शाहजहाँ ने क़ैद में, ज़िन्दगी के बाकी दिन व्यतीत किए।

दीवाने-आम के सामने ही दीवाने-खास है। कटाव-जड़ाव का काम गज़ब की खूबी से हुआ है। पूरब की कारीगरी आश्चर्य का नमूना है। मच्छी-भवन के सामने जहाँगीर का तख्त है, जहाँ से वह बाहर के मैदान में हाथियों की लड़ाई देखा करता था। दीवाने-खास के ठीक सामने जहाँगीर के नहाने के हमाम हैं। उसका पानी दीवार के बाहर से, 70 फुट नीचे से आता था। लार्ड हेस्टिंग्स ने उनमें से सबसे सुन्दर हमाम उखड़वाकर इंग्लैण्ड के युवराज को भेंट कर दिया।

यहीं वह मुसम्मन बुर्ज है, जूही-महल, जिसमें बारी-बारी से नूरमहल (नूरजहाँ) और मुमताजमहल रह चुकी थीं। उसी में ताजमहल की इमारत आखिरी दम तक देखता शाहजहाँ मरा था। मुसम्मन बुर्ज के सहन में एक ओर एक छोटा-सा फव्वारा, फर्श से नीचे गहरा काटकर बना है। दूसरी ओर संगमूसा की पच्चीसी बनी हुई है।

पास ही एक खास महल है, बेगमों का ज़नाना, अंगूरी बाग का पूरबी हिस्सा। शाम को, जब सूरज की चमकती धूप मन्द पड़ जाती है, तब इसे देखो तो महल इतना सुन्दर लगता है कि देखते ही बनता है। शाम की डूबती लाली सुनहरी छत को आग की लपटों के रंग से रँग देती है, संगमरमर को गुलाबी आभा प्रदान कर देती है। और शमा जलने पर जो सुनहरी, बैंगनी, लाल रंगों-रत्नोंवाली चाँदनी छत की रौनक बन आती थी, वह दुनिया के किसी महल को कभी नसीब न हुई।

जीवन के अंतिम वर्षों में, जब औरंगजेब ने उसे बन्दी बना लिया था, शाहजहाँ ताजमहल को देखता रहता था।

कभी खास महल के ताक़ों में तैमूर से लेकर पिछले काल के मुगल बादशाहों तक की तस्वीरें लगी हुई थीं।

खास महल के दक्खिन से एक ज़ीना नीचे तहखाने के कमरों को जाता है। वहाँ बादशाह और बेगमें आगरे के दिन की गर्मी से भागकर शरण लेते थे। एक कोने में बावड़ी है, उसके चारों ओर कमरे बने हैं जो बावड़ी के कारण ठण्डे रहते थे। आसपास वे कमरे हैं जो कभी गुमराह गुलामों और अमीरों के लिए जेल का काम करते थे और जहाँ से वह प्राणदण्ड के लिए वधिक के पास ले जाए जाते थे।

खास महल के सामने अंगूरी बाग है, तीन ओर से मेहराबी दालानों से घिरा, शायद अकबर का बनवाया। मुगल-बगीचे का खास नमूना था वह बाग, जिसके बीच ज्यामिति के आकारों-सी फूल की क्यारियाँ दौड़ती थीं। कभी इसमें अंगूर की बेलें दौड़ती थीं जिनसे इसका नाम

अंगूरी-बाग पड़ा था।

अंगूरी बाग के उत्तर में शीश महल है, ज़नाना हमाम, गुसलखाना। इस बाग के दूसरी ओर प्रसिद्ध जहाँगीरी महल है। शाहजहाँ की बनाई इमारत में एक गज़ब का लोच है, एक अजीब मस्ती, शरमाई नज़ाकत, एक ज़नानापन। अकबर की इमारतों में अनोखा मरदानापन है; और यह जहाँगीरी महल भी उसी अकबर का बनवाया हुआ है यद्यपि उसका नाम जहाँगीर से जुड़ा है। इसका कला सीकरी की है, पुरानी हिन्दू इमारतों की सख्ती और ठोसपन लिए हुए, शाहजहाँ की ईरानी-अरबी, ज़नानियत से भिन्न। महल की नदी की ओर दीवारों पर बड़े आकर्षक चित्र बने हुए थे जो अब धुँधले पड़ गए हैं।

जहाँगीर-महल के भीतर एक अद्भुत आकर्षक आँगन है। मुगल

ज्यामिति के आकारों सी झूलती क्यारियाँ

अकबर की हिन्दू रानी जोधाबाई का महल

कला का दिलकश नमूना। इसकी बनावट तो लाजवाब है ही, इसके खम्भों, मेहराबों और अनगिनत टोड़ों से अन्धेरे-उजाले की एक लुका-छिपी जो वहाँ होती रहती है, उससे उसकी सुन्दरता का असर दूना हो जाता है। उत्तर का महल है, हिन्दू ढंग से बना। उसी से लगा पश्चिम की ओर का कमरा उसका मन्दिर था।

यह आगरे का किला है, अटूट यादगारों से भरा। यादगारें जो दर्दभरी हैं, शानो-शौकत की गवाह हैं। अकबर, जहाँगीर, शाहजहाँ की बनाई उसमें अनेक इमारतें हैं, उनकी अपनी-अपनी खूबियाँ, अपना-अपना सौन्दर्य है। तीनों अधिकतर इन्हीं महलों में रहे थे। अकबर तो फतहपुर सीकरी के महल बनवाकर भी यहीं लौट आया था। हाँ, औरंगज़ेब को अवश्य यह किला इतना नहीं रुचा और वह अधिकतर दिल्ली में ही रहता था।

फतहपुर सीकरी

फतहपुर सीकरी : जैसे शाप से उजड़ा नगर। नगर क्या, जैसे इन्द्र-लोक। पर सूना, आसमान की तरह सूना, जहाँ एक परिन्दा तक पर नहीं मारता। किसी ने सोचा भी न था कि जहाँ कभी बाबर की तोपें गरजती थीं, जहाँ साँगा के रिसाले उन तोपों की मार पर लगातार टूटते गए थे, जहाँ अकबर ने करोड़ों खर्च कर इतनी लागत से अनूठे महलों का अनूठा नगर खड़ा किया था, वह नगर एक दिन बनाने वाले की जिन्दगी में ही वीरान हो जाएगा, अशुभ की तरह त्याग दिया जाएगा!

अकबर के बेटा न था। उसने सीकरी गाँव के सलीमशाह चिश्ती की शरण ली और राजपूत रानी से सलीम पैदा हुआ जो बाद में जहाँगीर के नाम से बादशाह हुआ। उसी सीकरी में पहाड़ी पठार पर सोलह साल तक लगातार पत्थर कटते रहे, छेनियाँ खटकती रहीं और नौ किलोमीटर के गिर्द महल और बाग खड़े हो गए। जहाँ कभी शेर-चीते दहाड़ते थे, बादशाह वहाँ सत्रह साल मुश्किल से रहा, पर पानी का वहाँ इतना अभाव हो गया कि उसे मजबूर होकर सीकरी छोड़ देनी पड़ी और वह आगरा लौट गया। तभी से सीकरी के महल वीरान हो गए, सूने।

अब वहाँ की इमारतों के बारे में दो बातें। दीवाने-आम के चौक से निकलते ही दफ्तरखाना मिलता है। उसके सामने से महले-खास जाने

का रास्ता है। महले-खास अकबर का महल था। बाईं ओर की दो-मन्ज़िली इमारत अकबर के निजी कमरों की थी। नीचे के पहले कमरे में किताबें आदि रखने के लिए जगहें बनी हैं। दीवारों पर कुछ बड़े फूलों के चित्र भी बने हैं। पीछे के कमरे में शायद बादशाह का तख्त रहता था। उसके एक दरवाजे से दफ्तरखाना पहुँचते थे, दूसरे से जोधाबाई के महल।

ख्वाबगाह या बादशाह का सोने का कमरा ऊपर छत पर था। पहले इसकी समूची दीवारें तस्वीरों से भरी थीं, पर अब थोड़ी ही तस्वीरें बच रही हैं। इनकी शैली ईरानी है और अनेक बार इन पर चीनी कलम का असर दीख पड़ता है। दुनिया जानती है कि अकबर को चित्रों और चित्रकारी से बड़ा प्रेम था। कठमुल्लों ने उसे इसी कारण काफिर कहकर बदनाम करना चाहा, किया भी, पर उसने अपनी टेव न छोड़ी, और उस कला पर उसने अपना अनुराग जारी रखा।

महले-खास के चौक के उत्तर-पूरबी कोने में एक अत्यन्त खूबसूरत महल है; तुर्की सुल्तान का महल, सीकरी के महलों में रत्न। कमरा तो बस इसमें एक ही है, बरामदों से घिरा, पर भीतर-बाहर के काम और अलंकरण मुगल-कला के अपूर्व उदाहरण हैं। उभरे बेल-बूटे, जानवर आदि, लगता है, सहसा जी उठे हैं। एक ढका हुआ रास्ता इसे ख्वाबगाह से मिलाता है। पास ही हकीम-हमाम है जिनके जोड़ के हमाम हिन्दुस्तान में दूसरे नहीं। महल के उत्तरी भाग में पचीसी बनी हुई है, जिस पर गोट की जगह गुलाम बन्दियाँ बिठाकर बादशाह और बेगमें शतरंज के खेल खेला करते थे।

और उत्तर ख्वाबगाह के ठीक सामने एक वर्गाकार एकाकी महल है। यह दीवाने खास है। बाहर से यह दोमन्ज़िला लगता है पर है यह एकमंजिला। उसके खम्भे और गैलरी से दो-मन्ज़िल का धोखा होता है। हॉल के बीचोंबीच एक विशाल शालीन खम्भा खड़ा है। यह नीचे से ऊपर तक कटाव के काम से सजा है और इसका मस्तक बीसियों टोड़ों का बना है। इसके ऊपर चारों ओर से चार रेलिंगदार राहें आकर

दीवाने खास का विशेष रूप से निर्मित खंभा जिस पर बैठकर अकबर राजकाज देखता था

मिलती हैं जिनकी सन्धि को यह खम्भा अपने सिर पर उठाए हुए है। ऐसी अद्भुत वस्तु विश्व में कहीं नहीं है। इसी खम्भे के मस्तक पर अकबर का तख्त रहता था और गैलरी के चारों कोनों पर चार वज़ीर बैठते थे। नीचे अमीर-उमरा और दूसरे आए हुए लोग होते थे। शायद यहीं बादशाह सभी धर्मों के पण्डितों का तर्क-वितर्क सुना करता था और यहीं उसने अपने नए मज़हब, 'दीने-इलाही' को जन्म दिया था।

दीवाने-आम का पश्चिमी भाग ख्वाबगाह के पूरबी भाग से मिला हुआ है। हॉल के बाहर बरामदे में दो जालियों के बीच बादशाह का

फतेहपुर सीकरी की जामा मस्जिद

तख़्त है। इसके सामने ही एक पाँच-मन्ज़िली महल है जिसे पाँचमहल कहते हैं। महले-खास से वहाँ जाने के लिए सीढ़ियाँ बनी हैं। इसके अनेक खण्ड जालियों और खम्भों में बँटे हुए हैं जो शायद शहज़ादों-शहज़ादियों के रहने के लिए थे। इसी के ऊपर चढ़कर शायद बादशाह और बेगमें नीचे के नज़ारे देखते थे। इसमें हिन्दू, जैन, मुस्लिम तीनों कलाओं के काम हैं।

महल के चौक के पश्चिमी भाग में मरियम की दोमन्ज़िली कोठी बड़ी खूबसूरत, हिन्दू तरीके से बनी है। यह कोठी जहाँगीर की हिन्दू माँ की थी। बरामदे के एक टोड़े पर रामावतार का दृश्य खुदा है। समूची कोठी पहले चित्रों से भरी थी और सुनहरे तारों आदि का इतना प्रयोग उसमें हुआ था कि लोग उसे 'सुनहरा मकान' ही कहने लगे थे। चित्र अधिकतर ईरानी ढंग के, फिरदौसी के 'शाहनामा' के आधार पर बने हैं। इस मकान का यह नाम अवश्य है पर अधिक सम्भव यह है कि इसमें कोई ईरानी रानी रहती हो और जोधाबाई (मरियम-ज़मानी) अपने नाम के जोधाबाई-महल में रहती रही हों। इस महल में एक हिन्दू मन्दिर भी है। ऊपर की जाली हवा-महल कहलाती है।

जोधाबाई-महल से एक ढकी राह से जुड़ी हिन्दू ढंग से बनी एक सुन्दर दो-मन्ज़िली इमारत है–यह शायद बीरबल या बीरबल की बेटी का महल है। आसपास की इमारतों में यह सबसे अधिक सजी-धजी है। जोधाबाई-महल को छोड़ यह बाकी सबसे बड़ी भी है। नहीं कहा जा सकता कहाँ तक इसे बीरबल की बेटी का महल कहना उचित है। वैसे राजा बीरबल और अकबर की दोस्ती तो संसार में प्रसिद्ध है। कुछ आश्चर्य नहीं कि वह वहाँ रहता रहा हो या उसकी बेटी पर सम्राट् अकबर की कृपा रही हो और उसी को वह महल दे दिया गया हो।

सीकरी की जामा मस्जिद भी वहाँ की सबसे सुन्दर इमारतों में से एक है। इसकी गणना संसार की प्रमुख मस्जिदों में है। कहते हैं कि यह मक्का की एक मस्जिद की नकल में बनी थी, यद्यपि इसके

कई भाग हिन्दू शैली में बने हैं। इसके एक दरवाज़े से अकबर मस्जिद में प्रवेश करता था और दूसरे बुलन्द दरवाज़े से अन्य लोग। यह बुलन्द दरवाज़ा दकन जीतने की यादगार में बना था। यह 176 फुट ऊँचा है, शायद संसार के दरवाज़ों से सबसे ऊँचा। इसकी चोटी से पचीस मील दूर ताज और भरतपुर का किला दिखाई पड़ जाता है। इसे बनाने के चार-पाँच साल बाद ही अकबर दिवंगत हो गया था।

कुतुब मीनार

आगरा और दिल्ली का वैभव ज्यादातर मुगलों का है। वैसे तो दूसरे राजाओं और बादशाहों ने भी वहाँ अपने भवन और महल खड़े किए, पर मुगलों के ही महल अधिकतर बच रहे हैं और सुन्दर और शालीन भी वही हैं। दिल्ली सात-आठ बार गिरी-बनी है और उसमें एक-से-एक बढ़कर महल समय-समय पर बनते रहे हैं, पर हम यहाँ दूसरी इमारतों का उल्लेख न कर केवल कुतुब मीनार और शाहजहाँ द्वारा निर्मित जामा मस्जिद और किले का ही वर्णन करेंगे।

कुतुब की लाट इस देश की सभी इमारतों से ऊँची है, विदेशों में भी इतनी ऊँची इमारतें कम हैं। इसकी कुल ऊँचाई 328 फुट है। मन्ज़िलें इसमें पाँच हैं, पहली 95 फीट ऊँची है, दूसरी 51 फीट, तीसरी 41 फीट, चौथी 25 फीट और पाँचवीं 22 फीट। लाट अत्यन्त सुन्दर है और लगता है जैसे वह ज़मीन से एकाएक निकलकर आसमान चीरती चली गई है। भारत के गौरव की इमारतों में इस कुतुब की लाट का भी स्थान है। इसकी बनावट भी सुन्दर और दर्शनीय है।

इसके निर्माण में तीन बादशाहों का हाथ है–कुतबुद्दीन ऐबक, अल्तमश और फिरोज़शाह तुगलक। शायद कुतबुद्दीन ने इसे अपनी किसी विजय की यादगार में खड़ा करने का मन्सूबा बाँधा था पर पहली मन्ज़िल

तीन बादशाहों ने कुतुब मीनार को बनवाया

बनने के बाद ही वह इस दुनिया से चल बसा। उसकी अगली तीन मन्ज़िलें, गुलाम वंश के बादशाह अल्तमश ने तैयार कराईं। पाँचवीं मन्ज़िल लाट के आरम्भ होने के करीब डेढ़ सौ साल बाद बनी। उसे फिरोज़शाह तुगलक ने 1364 ई. में बनवाया। उस साल बिजली गिर जाने से लाट का ऊपर हिस्सा कुछ टूट गया था, अतः उसकी मरम्मत कराते वक्त फिरोज़ ने चौथी मन्ज़िल को कुछ छोटा कर एक नई पाँचवीं मन्ज़िल भी जोड़ दी, उसने पत्थर भी दूसरे प्रयोग किए। पहले की मन्ज़िलें लाल पत्थर की बनी थीं, उसने नई मन्ज़िल में सफेद पत्थर लगवाए।

कुतुब मीनार की मरम्मत 1503 ई. में फिर हुई जिसे सिकन्दरशाह लोदी ने कराया। 1803 में जो भूचाल आया उससे फिरोज़शाह की बनवाई ऊपर की छतरी टूट गई। पचीस बरस बाद अंग्रेज़ सरकार ने इसकी मरम्मत कराई और ऊपर एक नई छतरी चढ़ा दी, पर लाट से मेल न खाने के कारण 1848 ई. में उस छतरी को उतार दिया गया।

लाट के भीतर घुमावदार सीढ़ियाँ निर्मित हैं, जिनसे ऊपर, उसके सिरे तक लोग चढ़ जाते हैं। चार चक्करदार छज्जे इसके चारों ओर दौड़ते चले गए हैं। इन छज्ज़ों की बनावट बिलकुल हिन्दू शैली की है। इसके टोड़े और घुण्डियाँ हिन्दू इमारतों के तौर पर बनी हैं। ऐसे ही सबसे निचली मन्ज़िल पर चारों ओर घण्टों और ज़न्जीरों की बनावट है। यह मन्ज़िल सितारे के शक्ल की है। इसकी बाहर की चिनाई में एक के बाद एक गोलाकार और एक तिकोना तरीका काम में लाया गया है। दूसरी मन्ज़िल पर आधे चक्र बनते चले गए हैं, तीसरी पर त्रिकोण, बाकी दो मन्ज़िलें बेलन के आकार की लम्बी और गोलाकार हैं।

कहते हैं कि यह स्तम्भ पहले राजपूत राजाओं ने शुरू किया था, फिर उनका राज चले जाने पर वह भी बनते-बनते रह गया। पर यह विश्वास शायद लोगों को नीचे की मन्ज़िल की हिन्दू शैली को देखकर जमा है। उसका कारण यह है कि पुरानी सारी मुस्लिम इमारतें दिल्ली,

बंगाल, गुजरात और दकन में हिन्दू-मुस्लिम दोनों शैलियों के मिश्रण से बनी हैं। उन्हें हिन्दू कलाकारों ने बनाया है और जो बनाया है वह इस्लाम की सेवा के लिए है, चाहे वह मस्जिद हो चाहे मकब़रा। बनाया इस लाट को मुसलमान बादशाहों ने ही। पास की मस्जिद से भी इसी मिली-जुली शैली का सबूत मिल जाता है।

कुतुब मीनार–दिल्ली के पास ही पृथ्वीराज की दिल्ली में –मेहरौली गाँव के निकट बनी है। वहीं चन्द्रगुप्त विक्रमादित्य का बनवाया लोहे का स्तम्भ भी आज करीब डेढ़ हजा़र बरसों से आँधी-पानी में खड़ा है, उसकी विजयों का लेख अपने तन पर धारण किये। कुतुब मीनार, कुछ अजब नहीं कि दिल्ली में मुसलमानी सल्तनत कायम होने की यादगार में बनी हो। है यह बड़ी दर्शनीय मीनार, दुनिया की मीनारों में एक ही, हिन्दू-मुस्लिम कला का सम्मिलित उदाहरण।

जामा मस्ज़िद

जामा मस्जिद : इस मस्जिद की गणना संसार की सुन्दरतम मस्जिदों में होती है। शाहजहाँ गज़ब का कला-पारखी और महान निर्माता था। उसकी बनाई इमारतों का जोड़ दुनिया में नहीं है। उसने अपनी इमारतें तभी बनवाईं, जब फ्रांस के अपने बसाए नगर वर्साई में चौदहवाँ लुई अपने महल खड़े कर रहा था। दोनों की इमारतें अपनी-अपनी जगह पर असाधारण हैं, पर दोनों में तुलना कैसी! ताज की तरह का महल ज़मीन पर दूसरा कहाँ! वह तो संसार के सात आश्चर्यों में गिना जाता है।

जामा मस्जिद भी शाहजहाँ की ही बनवाई हुई है, जो उसी के बनवाए दिल्ली के लाल किले के पास ही आलीशान रूप में खड़ी है। वह 1650 ई. में बननी शुरू हुई और 6 साल में बनकर तैयार हुई। 5000 संगतराशों, मज़दूरों और मिस्त्रियों ने उसे बनाया। बनाने में करीब दस लाख रुपये खर्च हुए थे–फिर उस काल के रुपये, जिनकी क्रयशक्ति आज के रुपये से कुछ नहीं तो तीस गुना अधिक थी। इसकी ज़मीन को भोजला पहाड़ी कहते हैं। नीची पठार को बराबर कर उस पर मस्जिद बनाई गई, किले के दिल्ली दरवाज़े के सामने ज़रा हटकर। जहाँ दरवाज़े के बाहर के हाथीखाने से सड़क जाती थी और सड़क के दोनों ओर

जामा मस्जिद का पूरा दृश्य

दुकानें चली गई थीं, अब वहाँ दुकानें नहीं रहीं, वहाँ एक लम्बा-चौड़ा मैदान है।

समूची मस्जिद लाल पत्थर की बनी है, गुम्बज सफेद पत्थर के बने हैं। बीच-बीच में कण्ठ से कलश तक जगह-जगह काले पत्थर की पट्टियाँ जड़ दी गई हैं । मस्जिद का सहन 400 फुट और वर्गाकार है। उसके बीचोंबीच एक संगमरमर का हौज़ बना है, हौज़ में फव्वारा है। पश्चिम की तरफ नमाज़ पढ़ने के लिए एक बड़ा दालान है। बाकी तीन तरफ भी लम्बे दालान हैं। हर दालान में एक दरवाज़ा है; पूरबी दालान का दरवाज़ा बहुत बड़ा है, बहुत ऊँचा। मस्जिद पर तीन बड़े सुन्दर गुम्बज बने हैं, बीच का गुम्बज बड़ा है, दाएँ-बाएँ के कुछ छोटे हैं। दोनों सिरों पर दो पतली मीनारें हैं, आठ पहल, 30 फुट ऊँची। इन पर चढ़ने के लिए भीतर से सीढ़ियाँ बनी हैं। पूरबी दालान के सिरों

पर बड़ी-बड़ी छतरियाँ हैं, दरवाज़ों के ऊपर सफेद पत्थर की छोटी-छोटी बुर्जियाँ हैं। त्यौहारों पर इस मस्जिद में जबरदस्त भीड़ जमा हो जाती है, लाख-लाख तक की।

जामा मस्जिद का भीतरी भाग

लाल किला

लाल किला : लाल किला भी शाहजहाँ का ही बनवाया हुआ है। उसने एक बार आगरा छोड़कर दिल्ली को अपनी राजधानी बनाने का निश्चय किया था। उसके लिए महलों की आवश्यकता थी और ऐसे महलों की जिनमें शाहजहाँ का-सा कलाप्रेमी रह सके। इन महलों की रक्षा के लिए किले की आवश्यकता थी और शाहजहाँ ने 1638 ई. में लाल पत्थरों का अपना वह दिल्ली का प्रसिद्ध किला बनवाना शुरू किया। नौ साल बाद, उसके गद्दीनशीन होने के बीसवें बरस यह किला बनकर खड़ा हो गया; बारह-बारह गज़ की दीवारें अपने कलश-कंगूरों के साथ, नाजुक बुर्जियों के साथ तैयार हो गईं। दो प्रधान द्वार, दिल्ली दरवाज़ा और लाहौरी दरवाज़ा खुल गए, तिमन्ज़िले द्वार, खूबसूरत बुर्जियों से युक्त।

महल यमुना की तरफ वाली दीवार के सहारे बने, जिससे नदी का दृश्य सामने रहे, जिससे आगरे की गर्मी से कुछ राहत मिले। इस गर्मी से बचाव के लिए महलों के नीचे तहखाने भी बना लिए गए। सामने की दीवारों के किनारे-किनारे खाई दौड़ा दी गई और उसे यमुना के पानी से भर दिया गया। ऊपर उठाऊ लकड़ी का पुल बना दिया गया।

फाटक से घुसने के बाद लाल पत्थर का ऊँचा दरवाज़ा है। उसके

ऊपर का दालान नौबतखाना था जहाँ नौबत बजा करती थी। इस नक्कारखाने के पीछे चौक है जिसमें विशाल दीवाने-आम आज भी शान से खड़ा है। तीन दरों का बड़ा दालान, लाल खम्भों पर टिका, पानदार मेहराबों से सजा। कभी उनपर सुनहरी नक्काशी थी। खम्भे, फर्श और दीवारें सुनहरी-रूपहली लटकनों, किमखाबों और नरम गलीचों-कालीनों से ढक दी जाती थीं। बाहर शामियाने में अमीर-उमराव खड़े होते थे।

पिछली दीवार से लगा बादशाह का सफेद तख्त है, तोरणदार, ऊँचा। उसकी पीठ पर एक से एक सुन्दर बेल-बूटे कटे हुए हैं। तख्त

दीवाने खास में बादशाह का तख्त

सफेद पत्थर का कमल-सा कटा जलाशय

के सामने के हिस्से में वज़ीर आदि के खड़े होने-बैठने का प्रबन्ध आगरे के किले का-सा ही था। इसी दीवाने-आम में संसार-प्रसिद्ध शाहजहाँ का तख्ते ताऊस रहता था जिसे बाद में नादिरशाह ईरान उठा ले गया।

दीवाने-खास : दीवाने-आम के पीछे दीवाने-खास का सहन है और उसके दाएँ-बाएँ शाही महल है। इस सहन को 'जल्वाखाना' कहते थे। दीवाने-खास की समूची इमारत सुन्दर संगमरमर की बनी है। इसमें खम्भों के ऊपर बेल-बूटों से सजी सुनहली पत्तर चढ़ी हुई थी और उन पर टिकी छत चाँदी की चद्दरों से ढकी थी। 1760 ई. में मरहठा सरदार सदाशिवराव भाऊ ने इस चाँदी की छत को उतरवाकर उससे सत्रह लाख सिक्के ढलवा लिए थे। दीवाने-खास की रूपरेखा बारादरी जैसी है। इनमें से एक दरवाजे के मेहराब पर लिखा है–'इस धरती पर अगर कहीं स्वर्ग है तो यहीं है, यहीं है, यहीं है।' सच ही धरती पर यह स्वर्ग ही है!

दीवाने-खास के दोनों तरफ नदी की ओर शाही महल बने हैं। दक्षिण की ओर ख्वाबगाह, मुसम्मन बुर्ज, बैठक और रंगमहल, शाहबुर्ज

आदि हैं। रंगमहल दीवाने-आम के ठीक पीछे आकार में सबसे बड़ा है। सामने कभी बाग था जिसमें फव्वारे छूटते रहते थे, नहरें बहती थीं। रंगमहल भी सफेद पत्थर का बना है, बीच में सफेद पत्थर का ही कमल-सा कटा जलाशय है। यहाँ से पानी बहकर हयात बख्श बाग में झरने के रूप में गिरता था। इस महल की छत भी चाँदी की थी, जिसे उतरवाकर फर्रुखसियर ने तांबे की लगवा दी, फिर वह भी जब अकबर सानी को न रुची तो उसने उसे भी उतरवाकर उसकी जगह लकड़ी की छत लगवा दी। रंगमहल बेगमों का ज़नानखाना था, इससे उसके दोनों तरफ परदे के लिए जालियाँ बनी थीं; नीचे तहखाने थे।

किले की दूसरी इमारतों में प्रधान हमाम, मोती मस्जिद, सावन-भादों और हयात-बख्श बाग हैं। हमाम में कई कमरे हैं। इनका फर्श अद्भुत पच्चीकारी से कालीन का-सा कर दिया गया है। कमरों के बीचोंबीच नहाने के लिए कुण्ड बने हैं। उनमें कभी अनेक रत्न जड़े थे और सैकड़ों फव्वारे छूटते रहते थे। बीच के कमरे में एक नहर बहती थी जिसके नीचे ऐसा कटाव था कि पानी बहने पर लगता था जैसे नीचे मछलियाँ तैर रही हैं।

मोती मस्जिद अत्यन्त स्वच्छ-सुन्दर छोटी-सी मस्जिद है, चाँदी-चूने से पुती, एकदम मोती-सी सफेद। पास के मोतीमहल के पश्चिम 500 फुट का वर्गाकार हयात बाग था। बाहर नहर बहती थी। भीतर से संगमरमर के मण्डप के बीच जो चौकोर कुण्ड बना है, उसमें सुराख कुछ ऐसे बने हैं कि जब नहर का पानी उनसे झरता था, तब सावन की झड़ी का दृश्य सामने आ जाता था। इसी से उसका नाम ही 'सावन' पड़ गया था। उधर दूसरी ओर की बनावट से पानी कुछ ज्यादा गिरता है और जैसे भादों के बादल बरसने लगते हैं। सावन-भादों के बीच लाल पत्थर का एक जलाशय है, जिसके आर-पार नहर बहती थी। नहर के मार्ग में थोड़ी-थोड़ी दूर पर फव्वारे बने हुए हैं। जलाशय के बीच बहादुरशाह द्वारा निर्मित ज़फ़र-महल है।

दिलवाड़ा

दिलवाड़ा : पश्चिमी राजस्थान में दिल्ली से गुजरात जाने वाली राह पर अजमेर और अहमदाबाद के बीच आबू का पहाड़ है। है तो वह अरावली पहाड़ों का ही एक भाग, पर सिलसिले से अलग एक अकेला पवर्त 4,500 फुट ऊँचा उठता चला गया है। कहते हैं कि चौहान आदि चार राजपूत कुलों की उत्पत्ति वहीं हुई। कुछ काल तक वह अन्हिलवाड़ के चालुक्यों के हाथ में रहा, फिर बघेलों और चौहानों के। चौहानों ने वहीं से दिल्ली जीती थी। सदियों वह मेवाड़ के राणाओं के अधिकार में रहा था, फिर मुगलों ने उस पर अधिकार जमा लिया था।

उसी आबू पर दिलवाड़ा में जैनों के दो महान मन्दिर संगमरमर के बने हुए हैं। वे आज से कोई सवा हज़ार साल पहले ग्यारहवीं और बारहवीं सदी में बनकर तैयार हुए थे। जहाँ तक पत्थर में बारीक कटाव और डिज़ाइनों में अनन्तता और बारीकी का सवाल है, उनका-सा मन्दिर इस देश में दूसरा नहीं है। मन्दिर के भीतर दीवारों पर, छतों में, खम्भों पर तनिक जगह नहीं है, जहाँ पत्थर को काट-छाँट कर कोई अलंकार, कोई डिज़ाइन न बनी हो।

डिज़ाइनों-आकृतियों का तो यह हाल है कि आँखें देखती-देखती थक जाती हैं, पर उनका सिलसिला नहीं रुकता, उनके दृश्य नहीं चुकते। जैसे शाम के आसमान में तारे एक के बाद एक देखने वाले की दृष्टि

में यद्यपि उतरते चले जाते हैं, वैसे ही आँखें डालते ही ये डिज़ाइनें एक के बाद एक अनन्त दृष्टियों में सरकती चली आती हैं। वैसे तो अधिकतर जैन मन्दिरों की सुन्दरता उनके काम की महीनी और बारीकी में है पर इन मन्दिरों का काम तो ऐसा है कि इनकी तुलना किसी और मन्दिर से की ही नहीं जा सकती। इनकी मूर्तियों के नाक-नक्श तीखे हैं जैसे धातु के बने हुए हों। इन विशाल आश्चर्यजनक मन्दिरों को किसने बनाया?

दसवीं सदी के मध्य आबू पर चन्द्रावती के चालुक्य राजाओं का राज था। इन राजाओं का मूल परिवार गुजरात में अन्हिलवाड़ का था। चन्द्रावती के खण्डहर नीचे दक्षिण की ओर मैदान में आज भी देखे जा सकते हैं यद्यपि उनके पत्थर रेलवे के निर्माण के लिए बड़ी बेमुरव्वती

दिलवाड़ा का एक भव्य मन्दिर

से नींव तक उखाड़ लिए गए हैं। वहीं के राजा भीमदेव प्रथम के समय दिलवाड़ा का पहला प्रसिद्ध मन्दिर बना था। आबू पर उस समय स्थानीय राजा धन्दू का राज था। वह भीमदेव का सामन्त था। उसके ऊपर राजद्रोह का शक होने के कारण भीमदेव ने अपने मन्त्री विमल को आबू का गवर्नर बना दिया था। उसी विमल ने इस पहले मन्दिर को बनाने का खर्च दिया और यह मन्दिर भी उसी के नाम से प्रसिद्ध हुआ। 1031 ई. में इसमें पहली बार पूजा सम्पन्न हुई।

भीमदेव प्रथम का तीसरा वारिस कुमारपाल स्वयं जैन हो गया। उसी के मन्त्री चाहुदेव ने अगले राजा भीमदेव द्वितीय से तेजपाल और वस्तुपाल का परिचय कराया। तेजपाल और वस्तुपाल दोनों भाई थे जो भीमदेव के मन्त्री बन गए और उन्होंने 1230 ई. से 1236 ई. तक सात साल में अपार धन लगाकर दिलवाड़ा का दूसरा महान मन्दिर बनवाया। दोनों भाई चालुक्य राजकुल के नष्ट हो जाने पर नए बघेल राजा के भी मन्त्री बने रहे और उसका खज़ाना भी उन्होंने अपने उचित शासन प्रबन्ध से भरा। कहते हैं कि एक नागर ब्राह्मण की साज़िश से उनकी जान पर आ बनी, पर कवि सोमेश्वर ने राजा से विनती कर उसकी जान बचाई।

इनमें पहला मन्दिर विमल का बनवाया जैन तीर्थंकर आदिनाथ का है, दूसरा, तेजपाल-वस्तुपाल का बनवाया तीर्थंकर नेमिनाथ का है। इनके अलावा दूसरे तीर्थंकरों की मूर्तियाँ भी जहाँ-तहाँ हैं। मन्दिर ऊँची दीवारों से घिरे हुए हैं। साधारण हिन्दू मन्दिर दूर तक फैले मैदानों में बने हैं, पर ये जैन मन्दिर दीवारों से घिरे होने के कारण इतने अद्भुत और विशाल होते हुए भी सामने सेहन के अभाव में दूर से आँखों पर दूसरे मन्दिरों का-सा प्रभाव नहीं डाल पाते। हाँ, एक बार भीतर घुस जाने पर मन्दिरों के काम दर्शक के ऊपर छा जाते हैं। कितना समय, कितनी कला, कितना धन इनके बनाने में खर्च किया गया है, यह कहने की बात नहीं है। पत्थर को जैसे मिट्टी बनाकर कलावन्त मूर्तियाँ सिरजते चले गए हैं। दिलवाड़ा के मन्दिर अपने तरह की कला में बेजोड़ हैं।

उड़ीसा के मन्दिर

उड़ीसा के मन्दिर : भारत तो मन्दिरों का जंगल है। इसमें न तो मन्दिरों की संख्या का कोई अन्त है न उनकी सुन्दरता का कोई उदाहरण। दोनों अद्वितीय हैं। जितनी श्रद्धा इस देश में थी, जितनी कला थी, जितना धन था, उसका भरपूर उपयोग इन मन्दिरों की बनावट में किया गया–कश्मीर-हिमालय की चोटी से कुमारी अन्तरीप तक, सागर से सागर तक।

फिर भी उड़ीसा के मन्दिरों की अपनी बात है, दूसरे मन्दिरों से बिल्कुल पृथक्। वैसे तो वहाँ सातवीं सदी से ही मन्दिर बनने लगे थे और तेरहवीं-चौदहवीं सदी तक निरन्तर बनते रहे थे, पर ग्यारहवीं सदी से तेरहवीं सदी तक प्रायः दो सौ साल इस देश के लिए विशेष महत्त्व के रहे हैं। उस बीच सदा राजों-कलाकारों की छेनी जड़ पत्थरों से टकराती रही और एक से एक सजीव, एक से एक नयनाभिराम मन्दिर अपनी अनगिनत मूर्तियों के साथ खड़े होते गए । इन्हीं में भुवनेश्वर के लिंगराज, कोणार्क के सूर्य और पुरी के जगन्नाथ मन्दिर भी हैं।

उड़ीसा में पुरी का जिला मन्दिरों में बड़ा उदार है। जैसे उसका सागर बालू के तीर पर अनन्त सीपी बिखेरता है, वैसे ही वहाँ की धरती अच्छा पत्थर उगलती है। उसी पत्थर से उड़ीसा के ये प्रसिद्ध मन्दिर

बने हें। इन मन्दिरों में सबसे विशाल लिंगराज का शिव-मन्दिर है। यह भुवनेश्वर में है। भुवनेश्वर अब उड़ीसा की राजधानी बन गया है–राजधानी नए भुवनेश्वर नगर में बनी है।

भुवनेश्वर के मन्दिरों की कोई गणना नहीं है। वे कई सौ हैं। उनके ऊपर बाहर की ओर नग्न भोग में लगी सैकड़ों आकृतियाँ बनी हैं। इनकी खूबसूरती और मन्दिरों की बनावट की प्रशंसा अवर्णनीय है। वे बस देखने की चीज़ हैं। उनमें सबसे ऊँचा लिंगराज का मन्दिर ग्यारहवीं सदी के शुरू में बना था। उसका वर्गाकार मण्डप काफी ऊँचा है, और उसका शिखर तो बस आसमान चीरता दूर तक चला गया है। शिखर की रेखाएँ सीधी हैं, केवल चोटी पर जाकर वे मुड़ी हैं।

कहते हैं कि मन्दिर को चाहे जितना भी सुन्दर बनाओ, वह किताबों में अंकित नमूने से घटकर ही होगा। पर यह लिंगराज का मन्दिर किताबी नमूनों से भी बढ़ गया है। इसका उतार-चढ़ाव, इसका दमखम, इसकी लोच अपना सानी नहीं रखते–जैसे साँचे में ढाल दिए गए हैं। इसका प्रांगण अत्यन्त विस्तृत है। चारों ओर से यह ऊँचे प्राचीरों से घिरा है। इसकी नन्दी की मूर्ति विशालकाय है।

वर्षों लगे थे इसके बनने में। इस पर लाखों व्यय हुआ था। हज़ारों मज़दूरों ने इसके बनने में अपना पसीना बहाया था। तब जाकर कहीं यह अद्भुत मन्दिर खड़ा हुआ था। इसका शिखर इतना उठा कि बादलों में खो गया। इस मन्दिर को उड़ीसा के राजा केसरियों ने बनवाया। केसरियों ने और कुछ नहीं किया, बस मन्दिर ही बनवाए। चालुक्यों–चोलों ने उन्हें लूटा, पालों-सेनों ने उन्हें मार-मार कर बेदम कर दिया, पूर्वी गंग राजा तो उन्हें निगल ही गए, पर केसरी राजा मन्दिर बनवाते रहे। भुवनेश्वर के मन्दिरों को, खासकर इस लिंगराज मन्दिर को, बनवाकर वे अमर हो गए। लिंगराज मन्दिर के पास ही कुछ ही दूरी पर शिव मन्दिरों का एक पूरा समूह ही है। एक घेरे में कई मन्दिर हैं। इनमें कुछ बारहवीं शताब्दी के भी हैं। इनके पास ही केदार-गौरी का पवित्र

भुवनेश्वर का लिंगराज मन्दिर

स्थान है।

इसी तरह कोणार्क का सूर्य-मन्दिर महान है। समुद्र के किनारे बालू की ज़मीन पर यह खड़ा है। सदियों खड़ा रहा है, अकेला। समुद्र की नमकीन हवा इसके उस पन्जर में नमी भरती रहती है जो कभी पूरा नहीं बन सका था, और सदियों की अपनी नमकीन मार से सागर की हवा ने उसे जर्जर कर दिया है। पर जो कुछ उस मन्दिर का बच

कोणार्क मन्दिर की एक हाथी मूर्ति

रहा है, वह भी इतना बताने के लिए काफी है कि उसका-सा देश-विदेश में कुछ भी नहीं। अन्य मन्दिर किताबों में अंकित नमूने से घटकर ही होंगे। पर यह सूर्य मन्दिर किताबी नमूनों से भी बढ़ गया है। क्या खूबसूरती, क्या मूर्तियों की सजीवता, क्या सृजन की कला–सभी बातों में वह बेजोड़ है, मन्दिरों की इमारती कला में असामान्य। ब्रिटिश वायसराय लार्ड कर्जन ने भव्यता में इसे ताजमहल से भी श्रेष्ठ बताया था।

सूरज का मन्दिर होने से इसका नाम 'कोणार्क' या कनारक पड़ा। इसे 'काल पगोडा' भी कहते हैं। भारत में सूर्य के मन्दिर कम ही बने; जैसे कश्मीर में मार्तण्ड का, बहराइच में बालार्क का, वैसे ही उड़ीसा में कनारक का। इसकी बाहरी दीवार डेढ़ सौ गज़ लम्बी तथा सौ गज़ चौड़ी है। इसके शिखर की ऊँचाई लिंगराज और जगन्नाथ के शिखरों से कम है, पर इसकी विशेषता इसके शिखर की ऊँचाई में नहीं, इसकी चौड़ाई और पगोडा-शैली में है, इसकी सजीव मूर्तियों में, इसके प्रवहमान जीवन की धारा में है। शिखरदार नहीं चौपहल इमारत है यह, छतरीदार,

एक के ऊपर एक, थोड़ी-थोड़ी दूर पर, छह छतरियाँ और एक-एक छतरी पर छह-छह और।

इसमें ग्रहों की मूर्तियाँ बनी हुई हैं। वे अकेली-अकेली भी अद्भुत हैं, साथ ही उनकी सजीवता जैसे बहती धारा है। इंच-इंच में जिन्दगी जैसे रच-बस गई है। सूर्य के रथ के घोड़े बस देखने ही लायक हैं, उनका वर्णन नहीं हो सकता, अवर्णनीय हैं वे। इतनी शक्ति, इतनी तीव्रता है उनमें कि लगता है, उनको पकड़े खड़ा सईस उन्हें सम्हाल नहीं पाता, हवा में उड़ चलेंगे। उनके खुर, पुट्ठे, नथने सभी जैसे फड़फड़ा रहे हैं। पत्थर का रथ स्वयं जैसे सचल है, गतिमान्। उसके चक्के, उसकी धुरी, उसके अरे, सभी चलते-से लगते हैं। कलाकार विश्वकर्मा बन गया है, मूर्ति पर मूर्ति अपनी जादू की छेनी से उकेरता चला गया है।

कोणार्क के मन्दिर को केसरी कुल के राजा नरसिंह ने तेरहवीं शताब्दी में बनवाया था। मन्दिर पूरा बन न सका था और किसी कारण

सूर्य मन्दिर, कोणार्क के रथ का एक घोड़ा

अधूरा ही छोड़ दिया गया था। पर जो है वह भी अच्छे-से-अच्छे मन्दिर से अधिक आकर्षक है। अकबर के मित्र और मन्त्री तथा कलापारखी अबुल फज़ल ने इस मन्दिर की भूरि-भूरि प्रसंशा की है। अन्य मन्दिर अपनी समूची आकृति को पाकर अपने आखिरी स्वरूप में चमके हैं, पर यह कनारक का मन्दिर अधूरा ही, बगैर कलाकार का आखिरी स्पर्श पाए ही अमर हो गया।

कहते हैं, पुरी-जगन्नाथ का मन्दिर एक धोखा है, क्योंकि कला के विचार से कनारक और लिंगराज के मन्दिरों के सामने वह कुछ भी नहीं है। जितने ही महान् कला की दृष्टि से वे हैं, उतना ही अकिंचन है यह। पर वह आज भी जीवित है, आज भी उस पर चढ़ावा चढ़ता है। आज भी वह मन्दिर विश्व के कोने-कोने से यात्रियों को खींचता है। उस पुनीत तीर्थ पर गए बिना कोई श्रद्धावान् हिन्दू नहीं रहता। कला के पारखियों का विचार है कि उसके बनवाने वाले राजाओं ने इसी चढ़ावे के लिए उसकी पवित्रता का प्रचार किया और प्रचार के कारण ही उसे इतनी ख्याति मिली।

खजुराहो की एक प्रतिमा

केसरियों को जीतने वाले दक्षिण के गंग परिवार के राजा अनन्त वर्मन चोड़गंग ने पुरी का मन्दिर बनवाया। वैसे यह है भी भुवनेश्वर के मन्दिरों की ही शक्ल का बना, पर कला के विचार से यह, जैसा

कहा जा चुका है, निम्न कोटि का है। इसका शिखर 170 फुट ऊँचा है और रथ-यात्रा के दिनों में इसकी महिमा बेहद बढ़ जाती है। लाखों यात्री वहाँ जाते और उसके रथ को खींचते हैं। कभी उसके रथ के पहियों के नीचे दबकर मर जाना स्वर्गारोहण का साधन माना जाता था और अनेक उसी से कुचलकर अपनी सद्गति मानते थे।

इसके देवता जगन्नाथ की विशेष महिमा है। जगन्नाथ विष्णु के ही वह अवतार माने जाते हैं जो बुद्ध हुआ था। बुद्ध ने जात-पाँत को धिक्कारा था। इससे इस मन्दिर के आँगन में भी जात-पाँत नहीं मानी जाती और डोम और ब्राह्मण एक-दूसरे का छुआ प्रसाद पाते हैं। इस विचार से यह मन्दिर बहुत अच्छा है। इसमें बलराम, कृष्ण और सुभद्रा की मूर्तियाँ हैं। ये मूर्तियाँ और मन्दिरों की मूर्तियों की तरह पत्थर की नहीं, लकड़ी की बनती हैं और हर साल सागर में बहा दी जाती हैं।

उड़ीसा के इन मन्दिरों का असर भारत के दूसरे मन्दिरों पर भी पड़ा। बुन्देलखण्ड के चन्देल मन्दिर भी अधिकतर इनकी शैली में ही बने। उनका रूप भी उन्हीं की तरह सृजित हुआ, उनकी मूर्तियाँ और बाहरी भाग के दृश्य भी वैसे ही बने।

खजुराहो–यहाँ के मन्दिर भी देश के सुन्दरतम मन्दिरों में गिने जाते हैं। चन्देल राजाओं की राजधानी तो महोबा थी, पर धार्मिक राजधानी उनकी यहीं खजुराहो में थी। कला की सुन्दर से सुन्दर कृतियों से उन्होंने इस नगर को भरा-पुरा था। वहाँ भी भुवनेश्वर की ही तरह मन्दिरों की संख्या बड़ी है। क़रीब 100 ई. के बने वहाँ के विशाल और सुन्दर मन्दिरों की संख्या बीस से अधिक है। इनमें कन्दरिया महादेव का मन्दिर तो अनुपम है; उसकी शोभा बखानी नहीं जा सकती। इनकी अपनी विशेषता है। हर मन्दिर की दीवारों पर अद्भुत मिथुन-मूर्तियाँ बनी हैं। मैथुन के विभिन्न आसन या प्रकार दर्शाए गए हैं। यही कारण है कि देशी तो देशी, विदेशी पर्यटक भी यहाँ खूब आते हैं। खजुराहो एक तरह से भारत की पहचान बन गया है।

भरहुत और साँची

भरहुत और साँची : उत्तर और दक्षिण भारत की ही भाँति मध्य भारत भी मन्दिरों का धनी है। सच पूछिए तो वहाँ की अनेक इमारतें अत्यन्त प्राचीन काल की हैं। आज से दो हज़ार साल से भी पहले की। इन्ही में भरहुत और साँची के स्तूप हैं। भरहुत नागोद के पास है और साँची भोपाल के पास।

स्तूप मामूली तौर पर ईंट-पत्थरों की ठोस इमारत होता है। वह बुद्ध या महावीर की किसी प्रसिद्ध घटना की यादगार होता है। एक प्रकार का स्तूप खोखला भी होता है जिसमें बुद्ध या उनके शिष्यों आदि की भस्म या हड्डियाँ रखी जाती हैं। भारत के सबसे प्राचीन स्तूप भरहुत, साँची और अमरावती के हैं। भरहुत नागोद के पास मध्य-प्रदेश में है, साँची भी उसी प्रदेश में कृष्ण नदी के दक्षिणी तट पर अवस्थित है। न स्तूपों की अपनी-अपनी रेलिंगें हैं। इन रेंलिंगों पर एक से एक सुन्दर मूर्तियाँ बनी हैं। साँची के स्तूप मौर्य काल में बने, अशोक के ज़माने में, आज से कोई सवा दो हज़ार साल पहले। पर उनकी रेलिंगें करीब सौ-सवा सौ साल बाद बनीं। भरहुत की रेलिंगें साँची से कुछ पहले की हैं, अमरावती के बाद की। यहाँ हम साँची के स्तूप और तोरण की बात करेंगे।

साँची के स्तूप करीब तीन सौ फुट ऊँची पहाड़ी पर निर्मित हैं। उनमें से प्रधान स्तूप ईंट का बना है। उसके ऊपर पत्थर की पट्टियाँ बाद में जड़ दी गई हैं। उसका व्यास 120 फुट और ऊँचाई 54 फुट है और स्तूपों की ही तरह वह भी अर्ध वृत्ताकार है, आधी कटी नारंगी की तरह गोलाकार। चारों और चबूतरा दौड़ता है और दक्षिण की ओर दो ज़ीने हैं, मस्तक पर एक के ऊपर एक कई छतरियाँ बनी हुई हैं। फिर प्रदक्षिणा-भूमि है, जिसमें चलकर स्तूप का चक्कर काटते थे। और बाहर से पत्थर की अद्‌भुत रेलिंग है जिसकी चारों दिशाओं में चार तोरण द्वार है।

साँची का विशाल स्तूप

रेलिंगों पर जो दुनिया बसाई गई है, उसका वर्णन कर पाना कठिन है। पत्थर में उभारे देवी-देवता, नाग-नागिन, यक्ष-यक्षी बड़े सजीव हैं। बीच-बीच में गोल कटाव के भीतर नर-नारियों के नयनाभिराम मस्तक, कमल, खिले फूल, घड़ियाल, सिंह, हाथी, ऊँट, पक्षी, घोड़े और दूसरे जीव-जन्तु तराश कर बने हैं। इनके तोरणों की सुन्दरता तो देखने ही लायक है। तोरण एक के ऊपर एक तिहरे बने हुए हैं। इन पर एक से एक सुन्दर मूर्ति कोरी और उभरी हुई है। जुलूस आदि का चित्रण इतना सजीव हुआ कि लगता है, उसके आदमी-जानवर सभी गतिमान्

रेलिंग पर खुदी सुन्दर आकृतियाँ

हैं। उस काल का जीवन-स्तर इन रेलिंगों और तोरणों पर लहरा उठा है। भरहुत की रेलिंग के टुकड़े कलकत्ता के संग्रहालय में सुरक्षित हैं।

अमरावती का स्तूप आज से करीब बाईस सौ साल पहले बना था। इसके ऊपर संगमरमर की पट्टियाँ हैं जिनपर सैकड़ों सुन्दर आकृतियाँ खुदी हैं। ये पट्टियाँ स्तूप बनाने के करीब तीन-चार सौ साल बाद जोड़ी गईं। इन पर उभारी नर-नारियों की मूर्तियाँ जितनी सुन्दर हैं, उतनी सुन्दर आकार-प्रकार के विचार से कभी भी उस काल में नहीं बनीं। इन पट्टियों के लोभ से वहाँ के ज़मीदारों ने प्रायः समूचे स्तूप को तोड़कर नंगा कर दिया।

दक्षिण के गुफा-मन्दिर : अजन्ता और एलोरा

पत्थर और ईंट के मन्दिरों का तो इस देश में कोई अन्त ही नहीं है। एक से एक विशाल, एक से एक बड़े मन्दिर इसकी धरती पर खड़े हुए, पर उनसे भी बढ़कर वे हैं जो पहाड़ को काटकर बनाए गए। सोचिए ज़रा, पहाड़ का दौड़ता हुआ सिलसिला और उसकी ठोस लोहे की सी चट्टानी दीवार को काटकर खोखला कर देना, उसमें एक से एक मन्दिर-महल काट-बनाकर उसमें विशाल और आकर्षक मूर्तियाँ गढ़ देना। उनकी दीवारों पर सुन्दर चित्र बना देना! यह भारत के ही भक्तों और कलाकारों के बूते की बात थी।

बुद्ध के शिष्य दुनिया से अलग रहना चाहते थे। उन्होंने अपने रहने के लिए जंगल-पहाड़ों में रहने और पूजा के लिए एकान्त परिवेश खोजे, और उनके धर्म में श्रद्धालु राजाओं और सेठों ने उनके लिए जंगल में पहाड़ काटकर रहने के लिए बड़े-बड़े हॉल और समाधि लगाने के लिए छोटी-छोटी-कोठरियाँ, पूजा के लिए विशाल मन्दिर बनवा दिए। अजन्ता और एलोरा के गुफा-मन्दिर इसी प्रकार पहाड़ों में कटे हुए हैं। ऐसे ही भाजा, कार्ले, कन्हेरी के भी और एलीफैण्टा के भी हैं। इनकी

एलोरा की पत्थरों में कटी मूर्तियाँ संसार में अनूठी हैं

गहराई और बनाने की करामात देखकर दिमाग चकराने लगता है। आदमी मात्र अनुमान लगा सकता है कि इनको बनाने में कितनी मेहनत लगी होगी, कितना पसीना बहा होगा, कितना धन खर्च हुआ होगा।

विन्ध्याचल के नीचे पश्चिम की ओर नक्शे में दक्षिण को दौड़ती सह्याद्रि की पहाड़ियाँ चली गई हैं, उन्हीं में अधिकतर ये गुफा-मन्दिर

कटे हैं। महाराष्ट्र में औरंगाबाद से थोड़ी ही दूर पर एलोरा की गुफाएँ हैं, और उनके करीब 75 मील की दूरी पर अजन्ता की हैं। आज से कोई दो हज़ार साल पुरानी, जिनमें चित्र हज़ार साल तक बनते गए हैं। पारिजात के पेड़ों की कतारों के खत्म होते ही अजन्ता की गुफाओं का सिलसिला शुरू होता है। नीचे पतली नदी बहती है, ऊपर पहाड़ी दीवार में 26 गुफाएँ खुदी हैं, जिनमें कई बौद्ध मन्दिर भी हैं। इनकी दीवारों पर जो बुद्ध के चित्र बने हैं, उनसे इन गुफाओं की सुन्दरता इतनी बढ़ गई है कि दुनिया में इन जैसा कहीं कुछ नहीं।

औरंगाबाद से थोड़ी ही दूर दौलताबाद के किले के पास ही एलोरा में बौद्ध, जैन और हिन्दू गुफा-मन्दिर हैं। ये मन्दिर अधिकतर हिन्दुओं के हैं जो आज से बारह सौ साल पहले बने। जैसे अजन्ता अपने चित्रों के लिए प्रसिद्ध है, वैसे ही एलोरा अपनी मूर्तियों के लिए विख्यात है। प्रधान मन्दिर हिन्दुओं के ही हैं–दशावतार, रामेश्वर, सीता की कहानी, कैलास। कैलास तो गुफा-मन्दिरों में अद्भुत है। तीस लाख हाथ पत्थर काटा गया है। कितनी ही पौराणिक कहानियाँ उसमें मूर्तियों के माध्यम से लिखी गई हैं। उसके मोटे खम्भों पर ऐसी नक्काशी की हुई है कि लगता है, कलाकारों ने उन पर मोती-मानिक उतार दिए हैं। कैलाश की इमारत दो-मन्ज़िली है और उसकी दीवारों पर कटे दृश्य इतने सजीव हैं कि देखते ही बनता है। इसे राष्ट्रकूट राजाओं ने अनन्त धन व्यय करके बनवाया था। एलोरा में एक-में-एक लगे, पहाड़ के कटे, करीब तीन दर्जन मन्दिर हैं। इतने सुन्दर एक ही जगह पर गुफा-मन्दिर चीन के तुन-हुवाँग को छोड़कर दुनिया में और कहीं नहीं बने।

एलोरा से कहीं प्राचीन भाजा का गुफा मन्दिर है। भारत के गुफा-मन्दिरों का आरम्भ भाजा से ही होता है। अशोक जब भारत पर राज कर रहा था, तभी या उसके कुछ ही बाद यह मन्दिर बना। भाजा की प्रसिद्ध गुफा पूना से बीस मील की दूरी पर है। उसमें रथ पर चढ़े सूरज और ऐरावत हाथी पर चढ़े इन्द्र की मूर्तियाँ बड़ी सुन्दरता से कटी

हैं। समुद्र से समुद्र तक सारा दक्षिण अशोक के बाद ही आन्ध्र-सातवाहन राजाओं के राज में आ गया था। वहीं भाजा, कार्ले, कन्हेरी, एलिफैण्टा, एलोरा, अजन्ता, बादामी आदि के गुफा-मन्दिर बने।

भाजा के पास ही कार्ले की गुफा है–आज से प्रायः दो हज़ार साल

अर्जुन की तपस्या का दृश्य

पहले की बनी। गुफा क्या है, मन्दिर है, बौद्धों का मन्दिर, जो पहाड़ काटकर बनाया गया है। बौद्ध लोग अपने मन्दिर को चैत्य कहा करते थे। अजन्ता, भाजा, कार्ले, कन्हेरी आदि की गुफाएँ अधिकतर चैत्य ही हैं। भाजा के चैत्य की मूर्तियाँ उतनी ही प्राचीन हैं जितनी कि गुफा, और सुन्दरता के विचार से तो वे इतनी मनोहर हैं जितनी कोई दूसरी गुफा नहीं। कार्ले का गुफा-मन्दिर भारत के अमर मन्दिरों में से एक है।

कन्हेरी की प्रसिद्ध गुफा मुम्बई के पास ही है, करीब 25 मील की दूरी पर। इसी से वहाँ मुम्बइया घुमक्कड़ों की भीड़ लगी रहती है। यह गुफा करीब-करीब तभी बनी थी जब कार्ले की गुफा बनी थी। उसमें भी सैकड़ों मूर्तियाँ अपनी दुनिया बसाए हुए हैं, यद्यपि सुन्दरता में वे कार्ले की मूर्तियों का सामना नहीं कर सकतीं।

एलिफैण्टा बम्बई के बन्दरगाह के पास ही है, एक छोटे टापू पर खड़ा, जहाँ लोग स्टीमर से जाया करते हैं। पहाड़ काटकर गुफा बनाई गई है। इसकी मूर्तियाँ भी ऐलोरा की मूर्तियों की ही तरह ईसा की सातवीं-आठवीं सदी में बनी थीं। गुफा-मन्दिर शिव का है, अकेला। उसमें अधिकतर शिव का परिवार ही मूर्तिमान हुआ है, कुल करीब एक दर्जन मूर्तियाँ हैं। इनमें प्रधान त्रिमूर्ति (ब्रह्मा, विष्णु, महेश), भैरव और गंगाधर की हैं। पर एलिफैण्टा की मूरतों में गज़ब की सुन्दरता है। कम गुफा-मन्दिर ऐसे हैं जहाँ पत्थर में इतनी सुन्दर और सही आकृतियाँ कोरी और काटी गई हैं, जितनी इस एलिफैण्टा के शिव-मन्दिर में।

इन गुफा-मन्दिरों की परम्परा में दक्षिण भारत के महाबलिपुरम् के पहाड़ में कटे मन्दिर भी हैं। ये मन्दिर भी लगभग तभी बने जब एलिफैण्टा और एलोरा के बने थे। दक्षिण में कभी पल्लव राजाओं का राज्य था। महाबलिपुरम के ये प्रसिद्ध मन्दिर उन्हीं पल्लव राजाओं के बनवाए हुए हैं। मन्दिर की पहाड़ी दीवारें मूरतों से भर दी गई हैं। आदमी और जानवर, देवता और राक्षस इस खूबी के साथ सृजित किए गए हैं कि लगता है, कलाकार सर्जनहार बन गया है। अर्जुन का, पशुपति शिव के अस्त्र

के लिए तप, कला का अनुपम नमूना है। इसी प्रकार गंगावतरण भी–गंगा का पृथ्वी पर उतरना–अद्‌भुत चातुर्य से दिखाया गया है। मनुष्य, जानवर सभी गंगा की भूमि पर आने से प्रसन्न हो उठे हैं। उनकी उद्दाम प्रसन्नता पत्थर में जैसे जी उठी है।

दक्कन के मंदिर

'दक्कन' नाम भी वास्तव में 'दक्षिण' से ही बना है, पर बहुत समय से इसका प्रयोग भारत के उस भाग के लिए होता रहा है जो विन्ध्याचल और कृष्णा के बीच पड़ता है। कृष्णा के दक्षिण की भूमि को शुद्ध दक्षिण या दक्षिण भारत कहते हैं। इसका उत्तरी भाग दक्कन से मिल जाता है। मैसूर और आन्ध्र के कुछ भाग इसी खण्ड में पड़ते हैं। इस भूखण्ड में उत्तर और दक्षिण दोनों प्रकार के मन्दिरों की बनावट के मिले-जुले मन्दिर बने। इसके विशाल केन्द्र मैसूर के हलेबिद और बेलूर में बने। इन मन्दिरों की सुन्दरता कहने की बात नहीं है, कही भी वह नहीं जा सकती। विशाल फैले हुए इनके प्रांगण और बरामदे, सैकड़ों-हज़ारों इनकी दीवारों के खम्भे, ऊँचे आकाशचुम्बी इनके कलश-कंगूरे वर्णन की वस्तु नहीं हैं, देखने की हैं। इनके पास ही और उत्तर में विजयनगर के खण्डहर हम्पी के पास आज भी खड़े हैं। विजयनगर का साम्राज्य आज से कोई पाँच सौ साल पहले सारे दक्कन पर फैला हुआ था। विजयनगर की राजधानी के ही ये खण्डहर हम्पी में हैं, मन्दिर और महल। लगता है जैसे टूटी इमारतों का एक जंगल ही खड़ा हो गया है। आदमी के कौशल ने इन्हें खड़ा किया और आदमी की ही जहालत ने इन्हें बर्बाद कर दिया।

दक्षिण के मन्दिरों के शिखर अनूठे होते हैं

दूर दक्षिण के मन्दिर हमारे उत्तर के मन्दिरों से बहुत भिन्न हैं। वे एक-एक अकेले मन्दिर नहीं, कई-कई मन्दिरों के परिवार हैं। मन्दिर क्या हैं, एक गाँव ही हैं। मन्दिर का बाहरी द्वार मन्दिर की ही तरह ऊँचा होता है, कभी-कभी मन्दिर से भी ऊँचा, एक पर एक चढ़ी मन्ज़िलों-वाला। उसे 'गोपुरम' कहते हैं। इसी गोपुरम के पीछे अनेक

मन्ज़िलों के शिखर वाला गगनचुम्बी मन्दिर होता है, दूर तक फैला हुआ, अनेक बरामदों-कमरों वाला। मन्दिर के चारों ओर दौड़ता आँगन होता है। उसी में लोग मन्दिर की परिक्रमा करते हैं। आँगन के चारों ओर परकोटे के सहारे सैकड़ों कमरे बने रहते हैं। एक लम्बा-चौड़ा तालाब भी आँगन में होता है, जिससे हाथ-पैर धोकर दर्शन करने वाले भक्त शुद्ध हो लें।

इस प्रकार के मन्दिरों की संख्या दक्षिण में थोड़ी नहीं, हज़ारों में हैं। काँजीवरम्, धर्मपुरा, तन्जौर, रामेश्वरम्, सर्वत्र इन आश्चर्यजनक मन्दिरों की भरमार है। इन नगरों के एक-एक मन्दिर के वर्णन के लिए एक पूरी पुस्तक ही आवश्यक होगी। इनकी लम्बाई-चौड़ाई उत्तर के मन्दिरों से कई गुनी होती है। पहाड़ की गुफाएँ खोदकर मन्दिर बनाने में तो अधिक मेहनत एवं खर्च हुआ है। इन मन्दिरों में बुद्धि और कला का उपयोग हुआ है। ये मन्दिर संसार की कला के आश्चर्यजनक नमूने हैं।

कुछ अन्य मन्दिर

मदुरै—मन्दिरों की बात चले और मदुरै अथवा मदुराई के मीनाक्षी मन्दिर की बात न की जाए तो वर्णन अधूरा रह जाएगा। दक्षिण में रामेश्वरम् से थोड़ा ही ऊपर मदुरै नगर है जहाँ यह भव्य और विशाल मन्दिर अवस्थित है। यह मीनाक्षी मन्दिर देवी पार्वती को समर्पित है। मीनाक्षी नाम से ही भगवती पार्वती का विग्रह यहाँ प्रतिष्ठित है जो अत्यन्त नयनाभिराम और आकर्षक है। साथ में शिवलिंग है जिसका नाम 'सुन्दरेश्वर' है।

मन्दिर का महत्त्व इसकी स्थापत्य-कला को लेकर है। इतना मोहक स्थापत्य अन्यत्र दुर्लभ है। इसके गोपुरम् ऊँचे और सुन्दर तथा मूर्तियों से सजे पड़े हैं। प्रवेश-द्वार पर पहुँचते ही प्रतीत होता है कि हम मनुष्य नहीं, साक्षात् देव-शिल्पी विश्वकर्मा द्वारा निर्मित देवालय के समक्ष खड़े हैं। मन्दिर के विस्तार का जैसे कोई ओर-छोर ही नहीं। जाने कितने

एकड़ में विस्तृत है यह हमारी अद्भुत धरोहर! सौन्दर्य सर्वत्र बिखरा हुआ। गोपुरों तो गोपुरों, प्राचीरों पर भी सुन्दर-सलोनी मूर्तियाँ यत्र-तत्र सर्वत्र जड़ी हैं। मन्दिर की पूरी परिक्रमा करें तो कितने घंटे लग जाएँ, कहना कठिन है। विविध-रंगी मूर्तियाँ और चित्रकारी मन को पग-पग पर बाँध लेती हैं।

भीतर विशाल स्तम्भ। चौड़े बरामदे। गगनस्पर्शी स्वर्णमण्डित मुख्य स्तम्भ। अन्दर का पूरा परिभ्रमण भी निश्चिंतता से ही हो सकता है। यह मन्दिर ऐसा नहीं कि गए, देखा और चल दिए। पर्याप्त समय लेकर जाएँ तभी इसके दर्शन, परिभ्रमण का आनन्द उठा सकते हैं।

यह हिन्दू स्थापत्य-कला का अद्भुत उदाहरण है और ऐसे उत्कृष्ट शिल्प और आकार का यह मीनाक्षी मन्दिर देश ही नहीं, विदेशों में भी अकेला है।

जिस व्यक्ति ने मदुरै के मीनाक्षी-मन्दिर को नहीं देखा उसके लिए यही कहना पड़ेगा कि उसे आँखें मिलना व्यर्थ गया। दक्षिण–परिभ्रमण को गए या द्वादश ज्योतिर्लिंगों में एक, रामेश्वरम्, के दर्शन को गए व्यक्ति को विशेष रूप से मदुरै आकर स्थापत्य कला के इस अद्भुत नमूने को देखना चाहिए।

यों रामेश्वरम् का मन्दिर भी अपनी विशालता और अद्भुत स्तम्भों के लिए कम दर्शनीय नहीं है पर मीनाक्षी मन्दिर की कमनीयता, उसकी कलात्मकता, साथ ही उसकी विशालता का कोई जवाब नहीं। काश! भारत में ऐसे स्थापत्य के कुछ और नमूने होते!

आधुनिक काल

अब तक हमने मुगलों और उनसे भी प्राचीन राजाओं-शासकों के समय के भवनों की चर्चा की। मन्दिरों-मस्जिदों, किलों की बात की। बहुत-से प्राचीन भवन और मन्दिर तो कभी के काल के गाल में चले गए। उनका वर्णन कहाँ सम्भव है! मोहनजोदड़ो और हड़प्पा की खुदाइयों ने हमारे प्राचीन स्थापत्य से हमें चकित ही कर दिया है। मस्जिदें और मकबरे तो मुसलमान-मुगल काल की देन हैं, उनका वर्तमान रहना कोई आश्चर्य की बात नहीं।

बिहार के नालन्दा विश्वविद्यालय का जो कुछ बचा है, वह भी कम विस्मयकारी और दर्शनीय नहीं है।

अब हम अपेक्षाकृत आधुनिक काल की ओर आते हैं–अंग्रेजों के काल में। यह समय निश्चित रूप से अस्थिरता का था। राजनीतिक स्थितियों से निबटने और अपने साम्राज्य को सुदृढ़ करने में ही अंग्रेजों का आरम्भिक समय गया। पर कुछ काल के बाद जब वे सुस्थिर हो गए तो कुछ निर्माण भी किए जो निस्सन्देह स्थापत्य की दृष्टि से उच्च कोटि के हैं। इनका संक्षिप्त उल्लेख ही हम करेंगे–

विक्टोरिया मेमोरियल–कोलकाता में बना यह सफेद संगमरमर

का स्मारक दर्शनीय है। गोलाकार रूप में ऊपर उठता हुआ यह स्मारक किसी सरोवर में खिलते कमल-पुष्प सा प्रतीत होता है। ईस्ट इण्डिया कम्पनी के शासन के पश्चात् ब्रिटिश सम्राज्ञी विक्टोरिया के स्मारक-स्वरूप बना यह भवन कोलकाता ही नहीं, देश का एक दर्शनीय स्थल है।

राष्ट्रपति-भवन–रायसीना नामक छोटी पहाड़ी को समतल कर इस अद्‌भुत भवन का निर्माण हुआ। इसकी स्थापत्य कला अपनी ही तरह की है। ऊँचाई पर होने से इसका शानदार गुम्बद दूर से ही दृष्टिगोचर होता है। यह ऊँचा तो है ही, पर्याप्त विस्तृत भी है। इस तक जाने वाली वीथियाँ भी कम मोहक नहीं हैं। अन्दर दीवारों पर यत्र-तत्र की गई चित्रकारी मन को मोह लेती है। चौड़े बरामदे और विस्तृत कमरे इसकी विशेषता हैं।

इस भवन में एक-दो नहीं, 350 कमरे हैं। इतना विशाल भवन भारत में तो नहीं, अन्यत्र भले ही हो।

इससे लगा विस्तृत मुगल-गार्डेन उसकी धरोहर है। इसमें भाँति-भाँति के फूल हैं। वसन्त-ऋतु में उसकी शोभा दर्शनीय होती है। उस सम्य यह सामान्य जन के लिए भी खोल दिया जाता है।

वस्तुतः यह भवन अंग्रेज वाइसराय के निवास के लिए बना था। इसमें अंग्रेजी और भारतीय स्थापत्य का सम्मिश्रण है। अंग्रेज डिजाइनर ने ही उसका डिजाइन भी किया था।

अंग्रेजी राज्य की समाप्ति के बाद यह राष्ट्रपति-निवास के रूप में प्रयुक्त होने लगा। इसमें रहने वाले अन्तिम वाइसराय लार्ड माउण्टबेटन थे और प्रथम राष्ट्रपति के रूप में डॉ. राजेन्द्र प्रसाद यहाँ रहे। राष्ट्रपति-भवन निस्सन्देह नई दिल्ली की एक पहचान है। पुरानी दिल्ली में तो बहुत कुछ है, पर रायसीना रोड के इस नयनाभिराम भवन के समान प्राचीन दिल्ली में भी कहीं कुछ नहीं है।

संसद-भवन—अंग्रेजों की ही एक देन संसद-भवन भी है। यह गोलाकार तथा अनगिनत स्तम्भों से सजा भवन दूर से ही लोगों को आकर्षित करता है। इसका बहिरंग जितना सुन्दर है, अन्तरंग भी उतना ही विशाल और आकर्षक। मुख्य संसद भवन, जहाँ सांसद विचार–विमर्श करते हैं, के अतिरिक्त इसकी परिधि में कई छोटे बड़े कक्ष हैं। कुछ समितियों के लिए हैं तो कुछ प्रहरियों के लिए। इसका एक मुख्य आकर्षण 'केन्द्रीय कक्ष' भी है। यह काफी विस्तृत है और इसमें बड़ी सभाएँ तथा सम्मेलन आयोजित होते हैं। देश के प्रधानमन्त्री का शपथ–ग्रहण समारोह इसी में आयोजित होता है।

कभी-कभी राष्ट्रपति भी इसी केन्द्रीय कक्ष में शपथ ग्रहण करते हैं। देश के बारहवें राष्ट्रपति डॉ. अब्दुल कलाम का शपथ-ग्रहण समारोह भी इसी केन्द्रीय कक्ष में आयोजित हुआ।

गोलघर—यह बिहार की राजधानी पटना में है और यह भी अंग्रेजों द्वारा ही निर्मित है। अपने नाम के अनुकूल ही यह गोल और काफी ऊँचा है, ऐसा कि इस पर चढ़िए तो पूरा पटना दृष्टिगोचर होने लगता है।

अंग्रेजों ने बंगाल के भीषण काल के बाद इसे एक अन्न-भण्डार के रूप में निर्मित किया था। इस समय बिहार-बंगाल संयुक्त ही थे। वह अकाल इतना भीषण था कि माँएँ अपने गोद के बच्चों को खा गई थीं और बंगाल का अधिकांश भाग मनुष्यों और जानवरों के कंकालों से पट गया था।

इस कारण अंग्रेजी राज्य की कटु आलोचना हुई। तब सरकार ने अन्न के बोरों के भण्डारण के लिए इस 'गोलघर' का निर्माण किया। आज भी यह पूर्णतया सुरक्षित है और अन्न-भण्डारण के ही कार्य आता है। इसके ऊपर तक घुमावदार सीढ़ियाँ जाती हैं। भारत में यह अपने प्रकार का अकेला भवन है।

उपसंहार

भारत की भूमि प्रकृति ने बनाई है, पर उसके ऊपर मन्दिरों का सौन्दर्य आदमी ने सृजित किया है। मन्दिर और मस्जिदें, लाट और मीनारें, महल और मकबरे, एक से एक अभिराम इस धरा पर उठते चले गए हैं जिनके मुकाबले की इमारतें दुनिया में नहीं हैं।

संसार के हज़ारों घुमक्कड़ और पारखी सात समुद्र पार से इन इमारतों को देखने आते हैं और देखकर हैरत में पड़ जाते हैं। इन इमारतों की दुनिया भारत के एक कोने से दूसरे कोने तक फैलती चली गई है। यह हमारे विश्वास और आस्था की दुनिया है, जो हमारे कलाकारों के तप और साधना से खड़ी हुई है। सारे देश को ये इमारतें एक सूत्र में पिरोकर उसकी संस्कृति और सभ्यता को एकरूपता देती हैं।

मन्दिरों-मस्जिदों का यह परिवार भारत की कला और भक्ति का है, आदमी का बनाया, संसार का गौरव। इन्हीं की छाया में इस देश की मानवता साँस लेती है, इन्हीं के देवताओं की सौगन्ध खाती है। इनके खण्डहर भारत के शालीन इतिहास और गौरव के प्रतीक बनते हैं। भारत के बच्चे-बूढ़े उन पर गर्व करते हैं। ये खण्डहर संसार के लाख-लाख रत्नों से कीमती हैं, हमारी ममता और मोह के पोर-पोर में जड़े हैं ये रत्न। जब तक सूरज और चाँद रहेंगे, जब तक गंगा-जमुना की धारा बहेगी, तब तक ये रत्न चमकते रहेंगे।

मुद्रक : न्यू ग्राफिक आर्ट्स, दिल्ली-110051